本书系全国文化名家暨"四个一批"人才自主选题"互联网背景下的贵州区域传播力提升"项目成果、中共贵州省委"推动媒体融合向纵深发展研究"重大问题调研课题成果

# 媒体融合发展时代课题的西部探索

## ——来自贵州省的系列调研报告

谢 念 林茂申 龚文静 著

WESTERN CHINA'S
EXPLORATION OF
MEDIA INTEGRATION
DEVELOPMENT

人民出版社

# C目录
## ONTENTS

# 推动媒体融合向纵深发展

## 慕 德 贵

推动媒体融合发展，是以习近平同志为核心的党中央作出的重大决策部署。党的十八大以来，习近平同志对媒体融合发展作出一系列重要论述，为媒体融合发展提供了根本遵循。新时代，我们要坚定不移加快推动媒体深度融合，进一步做大做强主流舆论，让正能量更强劲、主旋律更高昂。

推动媒体融合发展成为我们面临的一项紧迫课题。习近平总书记强调，推动媒体融合发展、建设全媒体成为我们面临的一项紧迫课题。当今时代，推动媒体融合发展是大势所趋，只有因势而谋、应势而动、顺势而为，才能占据战略主动。一是坚持筑牢思想根基。思想是行动的先导。学深悟透习近平同志关于媒体融合发展的重要论述是推动媒体融合发展的根本前提。我们深入学习贯彻习近平总书记关于媒体融合发展的重要论述，强化使命担当，环环相扣、层层推进，扎实开展动员部署、专题培训、考察学习、指导督促，解决认识模糊、目标不清、路径不明等突出问题。二是坚持目标倒逼推进。媒体融合发展等不得、慢不得，只有主动作为，才能抢占先机，积蓄先发优势。我们强化目标倒逼，自我加压，全面启动县级融媒体中心建设，推动媒体融合尽快从相加阶段迈向相融阶段。三是坚持创新引领发展。媒体融合发展是一场以技术创新为引领的媒体变革。我们充分运用贵州省国家大数据综合试验区的政策优势、技术力量、发展成果，推进全媒体时代媒体传播形式创新、手段创新、内容创新，努力占领信息传播制高点，激发媒体发展活力，释放新闻生产力，实现宣传效果最大化、最优化。

全面形成高效联动推进的深度融合发展态势。习近平总书记指出，各级宣传管理部门要改革创新管理机制，配套落实政策措施，推动媒体融合朝着正确方向发展。贵州省以重点推进省级、县级"两头"为牵引，指导带动市（州）级跟进，努力实现整体谋划、全程指导、整体推动，形成了三级联动、协力争先的深度融合发展态势。一是突出顶层设计这个管总龙头。加强科学统筹和系统规划，切实做好省级顶层设计，牢牢把握媒体融合发展的大方向、总原则。出台机构编制、资源整合、经费补助、技术保障、队伍建设等系统配套支持政策，使媒体融合发展有章可循、有规可依，始终朝着正确方向发展。二是突出重点突破这个重要方法。坚持聚焦重点、纲举目张、以点带面，奏响媒体融合发展"大合唱"。重点推进省级新闻单位功能整合，加快县级融媒体中心建设，统筹带动市（州）媒体融合发展，构筑省市县融媒体矩阵。三是突出示范带动这个有效抓手。积极鼓励先行先试、积累经验，立起标杆典型，形成比学赶超的浓厚氛围。大力建设省级新型媒体集团，打造媒体深度融合创新示范基地、产业园、产业项目等标杆。精心打造中宣部县级融媒体中心示范点，集中选树一批省级示范点，推动县级融媒体中心建设整体工作。

加快构建全媒体传播格局。习近平总书记强调，推动媒体融合向纵深发展，加快构建融为一体、合而为一的全媒体传播格局。这要求我们必须坚持一体化发展的方向目标，盯紧重点领域和关键环节，打造资源节约、结构合理、差异发展、协同高效的全媒体传播体系。一是抓紧县级融媒体中心建设。聚焦实现主流舆论阵地、综合服务平台、区域信息枢纽三大功能，打造一张网、一个机构、一键通、一个战略、一支队伍。二是抓好新型主流媒体建设。优化资源配置，整合打造省级大型媒体集团，着力打造一批形态多样、手段先进、具有竞争力的新型主流媒体。三是抓活现象级融媒体产品制作。推进内容生产改革，促进原创内容、权威报道、深度解读、言论评论等向新媒体延伸，使主流媒体"全起来""快起来""动起来""火起来"。四是抓实技术平台支撑保障。立足贵州大数据先发优势，为县级融媒体中心建设提供基础性技术平台支撑。深入推进"智慧广电"先导工程建设，为推动媒体融合向纵深发展提供技术支持。

做强全媒体时代主流舆论。习近平总书记强调，推动媒体融合向纵深发展，做大做强主流舆论。推动媒体融合发展，目的在于提升主流舆论的传播力、引导力、影响力、公信力。一是坚持正确政治方向、舆论导向、价值取向。保持定力，注重内容质量，改革创新内容生产传播机制，用正能量充沛的优质内容强信心、聚民心、暖人心、筑同心。紧扣决战脱贫攻坚、决胜同步小康，持续推出内容鲜活、形式新颖、感染力强的融媒体重点报道，使牢记嘱托、感恩奋进成为响彻贵州大地的主旋律，使干部群众的思想更统一、精神更振奋、斗志更昂扬。二是开展融合立体传播。牢固树立互联网思维，强化用户意识，精准开展分众传播和互动化传播，不断增强主流媒体的黏性和吸引力。三是加强法治化规范化管理。始终坚持党管宣传、党管媒体，严格落实意识形态工作责任制，坚持一手抓建设、一手抓管理，把导向要求和宣传纪律落实到各级各类传播平台，贯穿到新闻信息采编、发布、推送全过程。

（本文发表于2019年6月12日《人民日报》，作者为中共贵州省委常委、省委宣传部部长）

# 第一章

## 深度融合　一体发展
## 全力系统推动媒体融合向纵深发展

### ——贵州推动媒体融合向纵深发展系列调研报告之一

推进媒体融合发展是党中央作出的重要战略决策部署，也是当前宣传思想文化领域深化改革的一项重点任务。近期，调研组到贵州省主要新闻单位、网站以及部分县级融媒体中心，就进一步推动媒体融合向纵深发展进行了专题调研。

通过实地走访、集体座谈、随机访谈，一路走、一路看、一路思，收获巨大、感触很深：一是贵州媒体融合发展全面"起势"并迈入"快车道"，各项重点工作特别是县级融媒体中心建设强势突破并进入全国第一方阵，全省媒体转型发展提质增效明显，这为贵州不断扩大主流价值影响力、打通联系服务群众"最后一公里"奠定了深厚的基础。二是贵州媒体融合发展弯道取直、后发赶超，关键在于强有力的高位推动，在于系统科学的顶层设计和一系列精准打法，这为以后突破重点工作、攻坚克难提供了深刻启示，积累了宝贵经验。三是贵州新闻宣传战线对推动媒体融合发展的认识更深、底气更足、信心更强，"争着干""比着干"的士气非常强劲，自主转型的内生动力得到极大释放，对走前列、做表率充满前所未有的激情和自信。调研过程中，调研组也发现，推动媒体融合向纵深发展，贵州还存在许多短板和薄弱环节，还有很多基础性、关键性、长期性的工作要做，还需要新闻宣传战线始终葆有"愚公志"，葆有"向前走、莫回头"的激情。

现就开展调研工作的基本情况进行梳理，形成调研报告如下。

## 一、深刻认识媒体深度融合、整体转型的必要性紧迫性

当前，互联网正加速重构媒体格局和舆论生态，与几年前相比，主流媒体面临的竞争更为激烈，深度融合发展的任务更为紧迫。

### （一）传播形态持续演变，要求我们通过深度融合占据制高点

信息载体、传播渠道更新迭代越来越快，移动应用、社交媒体已成为主要信息入口，聚合类平台、自媒体公众号不断涌现，网络直播、问答社区等成为舆论生成传播的重要源头，各种金融、购物、娱乐、技术平台都在竞相加载新闻信息。这些都在与主流媒体争夺用户，冲击主流舆论阵地。面对这些传播形态发生的深刻变化，只有推进媒体深度融合，才能巩固壮大主流舆论阵地，牢牢掌握舆论主导权。

### （二）传统媒体不进则退，倒逼我们增创深度融合新优势

纸媒发行、广告连续下滑，不少都市类媒体收入呈"断崖式"下跌。广播电视的情况虽然好于报纸，但受众日渐分流，广告收入也在下降。据CTR媒介智讯《2018年中国广告市场回顾》统计，

互联网等新媒体正逐渐侵蚀传统媒体的市场地位。2018 年，中国广告市场增长 2.9%，其中，传统广告市场下降 1.5%。其中，电视广告刊例收入减少 0.3%，广告时长减少 8.1%；报刊的广告刊例收入分别下降 30.3%、8.6%；互联网广告刊例收入增加 7.3%。在现实压力下，一些媒体人才流失加剧。面对用户和广告日益转向新媒体的情况，只有推进媒体深度融合，传统主流媒体才能走出一条可持续发展的新路。

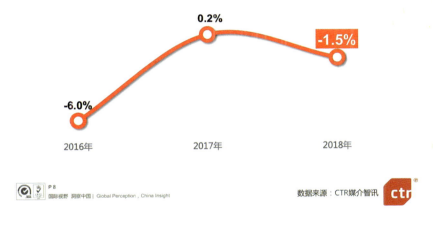

数据来源：CTR媒介智讯

2016—2018 年传统广告刊例花费同比增幅

### （三）中央和各省（自治区、直辖市）媒体正大踏步转型，贵州亟须加快转型奋力追赶

近年来，中央和部分地方积极推进媒体融合发展，整体转型成果成效显著，传播力影响力大幅度提升。人民日报社建成"中央厨房"全国"样板间"，融媒体工作室打破部门藩篱，为新闻产品注入新活力，同时《人民日报》全新改版、全彩印刷，做大做强"报网端微"十多种载体，覆盖用户 7.86 亿人次；新华社发布媒体人工

智能平台"媒体大脑",推出"AI 合成主播",创建"媒体创意工场",率先推出全息直播常态报道,推动在线数字化生产转型;中央广播电视总台整合优势资源,集聚 350 多家媒体机构形成矩阵,打造全国广电"联合舰队";光明日报社重新设计内容生产流程,努力打造"报网端微"一体的知识分子精神家园。从地方上看,新华报业传媒集团实现新闻资源全面共享,支撑全集团各媒体的统一生产;浙江日报报业集团大刀阔斧合并党报、党网和党端等原本分治的新闻采编团队,建立全新架构;河南日报报业集团升级成"中央厨房"3.0 模式,形成新闻总指挥、调度中心、采编中心和各媒体编辑部的组织架构。纵然如此,中央和地方重点媒体的忧患意识更加强烈,认为"改革创新一旦停滞,很快就会回到困境当中"。与中央和其他省(自治区、直辖市)媒体相比,贵州媒体的深度融合,必须按下"快进键"、跑出"加速度",加快转、奋力赶,要充分学习和借鉴已有的经验做法,制定时间表、路线图和"施工方案",走出一条"弯道取直、后发赶超"的新路来。

**(四)国外媒体加速转型,启示贵州加快深度融合提升竞争力**

现在,国外主流媒体都在探索数字化转型,实现深度融合发展。有的把原来的广播、电视和网络新闻中心"合三为一",打造统一的多媒体新闻编辑部,有的建成了"蜘蛛网"式的融媒体中心。从突破固有业务疆界、主动挺进新媒体战场,到打造"中央厨房"、重塑新闻生产机制,从整合渠道资源、构建全媒体新矩阵,到频频先声夺人、积极创新新闻产品样态,可以说,在世界范围内融合发展是大势所趋,只有推进媒体深度融合,才能勇立潮头、加快发展。

媒体融合已经到了向纵深推进的关键阶段。我们必须在前期取得阶段性成效的基础上，继续坚定信心、乘势而上，以最大的决心、坚强的信心、持久的恒心坚决打好媒本深度融合攻坚战，各级党委宣传部部长要继续当好"总指挥"，媒体主要负责同志要继续当好"项目指挥"，新闻单位广大职工要继续当好"施工员"，做到阵地绝不挪移、目标绝不偏移、中心绝不游移、行动绝不漂移，着力创新工作理念思路，着力深化媒体内部体制机制改革，着力拓宽传播平台载体，着力强化人才支撑和政策保障，推动传统媒体和新兴媒体从相"加"实现深度相"融"，打造一批形态多样、手段先进、竞争力强的新型主流媒体，确保党的媒体始终保持主流媒体地位、占据主流传播阵地、引领主流思想舆论。

## 二、"6 个 100%"倒逼融合释放强大系统优势

推动媒体融合发展是一项复杂的系统工程，需要全面考量、协调推进。贵州创造性地提出"6 个 100%"，即全省各级主要新闻媒体采访力量迁入融媒体中心率 100%，"中央厨房"建设率 100%，移动端首发率 100%，复合型、全媒体新闻采编人员占比 100%，全省宣传思想文化单位接入多彩贵州宣传文化云新闻资源共建共享率 100%，县级融媒体中心建成率 100%。这"6 个 100%"，深刻把握媒体发展进入全程媒体、全息媒体、全员媒体、全效媒体"四全"媒体的新特征，既抓融合方案协同，也抓改革落实协同，更抓融合效果协同，极具时代性、规律性和创造性。

调研过程中，新闻媒体和县级融媒体中心普遍反映："6 个100%"要求对媒体转型发展形成了巨大压力，也为各地各单位推

动媒体融合发展明确了直观要求，指明了方向，提供了重要遵循。

从调研情况来看，"6个100%"展示了强大的系统优势，取得了明显的系统成效。一是省、市（州）、县三级媒体融合发展基本实现"6个100%"，在一定程度上解决了一些基层阵地容易"水土流失"、县级媒体发展基础薄弱、新媒体平台规模不大等非平衡发展问题，推进媒体融合发展系统走向动态平衡。二是主流媒体传播阵地有拓展。全媒采编平台、新闻客户端、数据中心等重点项目取得进展，实施移动优先战略，基本形成载体多样、渠道丰富、覆盖广泛的移动传播矩阵，覆盖用户大大增加。三是融合新闻生产能力有提升。主流媒体发挥"中央厨房"枢纽作用，推动内容生产从传统线性模式向融媒体全终端生产模式转变，实现重大主题、重要活

贵州强化目标倒逼，以"6个100%"形成高效联动推进的深度融合发展态势

动、重大会议报道指挥调度和采编发联动，形成"一次采集、多种生成、多元传播"的工作格局。加强融媒本内容创作，融媒体产品生产的数量和质量不断得到提升，一批全媒人才得到培养锻炼。四是融合传播技术应用有突破。大数据、云计算等技术运用到全媒采编平台构建之中，移动直播、H5 应用、无人机采集、虚拟现实等技术在采编制作环节得到较好采用。

结合调研情况，"6 个 100%"倒逼融合充分体现出以下五个特点。

**（一）局部突破与全面深化同频共振**

媒体融合是传媒领域一场重大和深刻的自我变革，融合转型本身就是创新，更需要以改革创新的精神加以推进。在具体改革过程中，既注意到了改革的循序渐进、先易后难，又不失时机地进行局部突破，促进改革全局的不断深化。可以说，以局部带动全局、逐步实现协调全面发展，"6 个 100%"倒逼机制是不断深入的有效策略和方法。

**（二）增量发展与存量改造统筹兼顾**

近年来，贵州推动媒体融合，不少媒体都选择从增量做起，成立新部门，引进新人才，开放新应用，推出新产品等。"做增量"取得的成效，鼓舞了媒体融合发展的信心。"6 个 100%"倒逼融合，在"做增量"已取得一定成效的基础上，下大力气推进"改存量"，从而将加快优化整合，深度融合，推动信息内容、技术应用、平台终端、人才队伍、管理服务共享融通。特别是适应互联网传播规律和新媒体发展规律，对传统媒体的体制机制进行改革，从传统媒体与新媒体简单嫁接阶段，走向融为一体、合而为一，使融合真正产

　　2016 年以来，贵州已开展"脱贫攻坚看贵州""绿色发展看贵州""大数据发展看贵州"等"看贵州"网络传播活动 20 余次，推出原创稿件近 1000篇，900 余家全国网络媒体 9000 余名记者到贵州采访，系统、持续、创新地传播贵州好声音、展示贵州新形象，"看贵州"已成为贵州对外网络传播的拳头品牌。2019 年，中央网信办、中国网络空间研究院历经半年，开展多轮交叉初选，并召开 6 次案例交流研讨会，在全国各省、自治区、直辖市及有关网信企业等单位报送的近 200 个案例中，遴选出"网信工作创新 50 例"。其中，贵州省委网信办报送的《"看贵州"品牌推动网上传播深入人心》位居全国第三

生"化学"反应。

### （三）内容优势与技术支撑双轮驱动

内容永远是根本。互联网时代，优质内容、专业信息仍然是稀缺资源。推进媒体融合，新闻信息生产优势只能加强不能削弱。"6个100%"倒逼融合，推动各媒体积极适应移动化、可视化、社交化、定制化的媒体形态，寻求表现内容的传播形式，开拓更丰富的媒体形态，选择更多的传播平台，精心采集、精细设计、精美呈现、精准推送，提高权威内容的传播效果。同时，"内容为王"要以先进技术为支撑，缺少技术支撑、渠道建设和传播手段，内容优势将难以发挥。"6个100%"倒逼融合，要求各媒体顺应时代发展潮流，从新兴技术蓬勃发展中借势，始终保持对新技术的敏感性和前瞻性，紧盯技术前沿，瞄准发展趋势，不断以新技术新应用促进内容生产。

### （四）采编创新与流程再造同步推进

"6个100%"倒逼融合，要求各媒体加大力度推进采编流程调整，以符合媒体融合发展要求、适应新兴媒体生产规律、提高新闻生产力水平为目标，加强后台技术支撑，实现信息内容、技术应用、平台终端、采编力量的共享融通。特别是推动各媒体建立"中央厨房"新型融媒体采编发基本架构，完善融媒体指挥调度机制、一体化管理机制、移动端首发机制、传播力导向考核机制，在整合媒体机构的基础上，建立总编协调制度、部门沟通制度、岗位值班制度、采前策划制度、线索通报制度、效果反馈制度等，确保"中央厨房"与采编发网络紧密结合、无缝衔接。

2019 年 11 月 8 日第二十个中国记者节，贵州广播电视台融媒体中心记者苏畅作为全国"好记者讲好故事"演讲比赛的唯一代表，在第二十九届中国新闻奖颁奖报告会上作专题发言。经贵州省委宣传部、省新闻工作者协会选拔推荐，苏畅进入第六届全国"好记者讲好故事"演讲比赛十强

### （五）平台打造与队伍建设齐头并进

媒体的核心竞争力是人，推动媒体融合向纵深发展关键在人才、在队伍。打造新型主流媒体，建设新型媒体平台，重要的也在于锻炼新型媒体人才。"6个100%"倒逼融合，要求各媒体立足于现有人才队伍，积极创造条件，尽快推动传统新闻从业人员在融合实践中树立互联网思维、熟悉网络媒体技术、善用现代传播手段，在思想观念、报道理念、业务技能等方面有较大提升，掌握"十八般兵器"，成为既掌握传统媒体业务，又熟悉互联网领域的新型笔杆子，成为融合传播的行家里手。

## 三、"抓两头带中间"以重要领域突破带动全局

习近平总书记指出，无论抓什么工作，最紧要的就是掌握正确的世界观和方法论。贵州采用"抓两头带中间"超常规推动媒体融合发展，在具体实践方略上既注重"全面协调"，又抓住战略重点，努力实现重点突破与整体推进辩证统一。抓上头即推动省级党报集团和党刊集团整体合并融合发展、现象级新型主流媒体打造、全国省级层面首个覆盖整个宣传文化系统的云平台——"多彩贵州宣传文化云"（简称"多彩云"）建设等工作；抓下头即推动县级融媒体中心建设；带中间即市级媒体融合。"抓两头带中间"形成了严密的有机整体，取得了显著的实际效果。

### （一）"多彩云"平台基本完成既定工作目标

2018年3月以来，贵州快速稳步推进"多彩云"平台，以数据"聚合、融通、应用"为主线，在整合全省宣传思想文化系统数

据平台和数据资源的基础上，建设覆盖全省，统一平台、统一架构、统一资源、统一接入、统筹利用的宣传思想文化数据共享、管理大平台。目前，"多彩云"基本实现了数据落地、人才落地、技术落地，建成了贵州宣传思想文化系统最大的"中央厨房"，实现了省、市（州）、县三级宣传思想文化系统数据"聚通用"目标，"两创新、两率先"（创新自主研发"多彩云"大数据平台、创新建立县级融媒体中心省级技术平台版权机制、率先实现省、市（州）、县三级宣传思想文化系统数据聚合联通、率先实现全省88个县级融媒体中心全部上线运行）的阶段性成果明显。在"聚"方

贵州着力打造全国省级层面首个覆盖整个宣传文化系统的云平台——"多彩贵州宣传文化云"

面：截至 2019 年 10 月 30 日，汇聚了 195.7 万条数据。其中：实现 12 家省直宣传文化单位 100% 接入，汇聚数据 74.2 万条；实现市（州）融媒体中心，汇聚数据 70.9 万条；实现全省 88 个县级融媒体中心 100% 接入，汇聚数据 50 万余条。在"通"方面：建成了数据汇集中心、数据治理中心、数据融合分析中心等支撑系统。在"用"方面：完成融合传播、业务集成、数据资源、技术支撑、指挥管控、信息服务等"六大平台"核心架构研发，实现资源汇聚、数据大脑、版权服务、指挥管控、传播感知、服务群众等"六大功能"模块上线应用，具备省、市（州）、县三级宣传思想文化系统数据资源直接汇聚、共享、管理和发布的能力，形成超强聚合、超强指挥、超强传播，打造一批现象级新型主流媒体。2019 年 8 月 26 日，贵州省县级融媒体中心省级技术平台和"多彩云"事业发展中心揭牌仪式在贵阳举行，标志着贵州省县级融媒体中心省级技术平台和"多彩云"建设应用工作又取得了新的阶段性进展。

**（二）省级党报集团和党刊集团整体合并融合发展实现"五个到位"**

自 2018 年 10 月正式启动贵州日报报业集团和当代贵州期刊传媒集团整体合并及融合发展工作、组建贵州日报报刊社、贵州日报当代融媒体集团以来，总体工作蹄疾步稳、紧凑有序，实现"五个到位"，即机构设置到位、领导班子配备到位、运行机制重构到位、部门职能界定到位、"三定"方案落实到位。坚持一体化原则、媒体融合发展原则、"四全"媒体原则，设置内设机构 50 个，较原有机构总数减少 19 个。特别是创新设置并强化"融媒体指挥中心"+"融媒体采访中心、融媒体编辑中心、融媒体技术中心"这个"1+3"中心的统筹职能，29个业务部门全部归并到"1+3"中心指挥体系，进行统一调度。其中，融媒体指挥中心是"中枢"，负责统筹调度策采编发资源；融媒体采访中心是"神经末梢"，负责统筹调度采访资源；融媒体编辑中心是"集成处理器"，负责统筹调度编辑工作；融媒体技术中心是"保障系统"，负责统筹调度技术工作。建立健全三大运行机制：5类选题策划机制。设置"季、月、周、日、时"5类策划机制。季策划、月策划由社长主持；周策划由总编辑主持，对重大选题进行策划部署；日策划由分管副总编辑等主持；时策划由网端负责人等根据舆情地图随时发起，快速实施。4步传播响应机制。彻底打破传统媒体工作周期，快讯+图片，10分钟内响应；60秒以内短视频，30分钟内响应；完整新闻

"1+3"中心设置重构"策采编发"，实现布局合理化与传播渠道全能化"比翼齐飞"

呈现＋信息补充，2 小时内响应；修改完善，完成报刊稿件，5 小时内响应。互融互通和共建共享机制。建立完善统筹协调、融媒体指挥调度、线索通报、采前策划、三审三校、移动首发等 9 项采编工作制度，打通所有新闻信息生产单位人员、信息、图片、技术、设计资源。经过一段时间运行，融媒体"中央厨房"的枢纽作用不断显现，初步构建了"5 报 4 云 5 端 7 网 11 刊"现代传播体系。2019 年 1 月至 10 月，融媒体集团净利润同比增长 43.39%，国有资产保值增值率 109.79%。2019 年 9 月 12 日，全国首个省级 5G 融媒体中心——贵州都市报·都市新闻 5G 融媒体中心在贵州日报当代融媒体集团正式启用。总体上看，报刊社（融媒体集团）主心骨越来越硬，主阵地越筑越牢，主旋律越唱越响，传播力、引导力、影响力、公信力不断增强。这些进展为打造"西部一流、全国领先"新型主流媒体奠定了坚实基础。

**（三）现象级新型主流媒体打造稳步推进**

按照中共贵州省委宣传部印发的实施意见要求，贵州省主要新闻单位、网站主动作为，扎实推进重点新媒体平台打造，倾力打造融合精品。"今贵州"客户端与"当代贵州"客户端融合升级打造"天眼新闻"客户端，获国家版权局原创版权证书，同步建成"天眼大学"，不断提升区域性影响力。2019 年 3 月上线以来，"天眼新闻"客户端下载量超过 150 万人次，日活跃用户量达到 20 万人，为县级融媒体中心及相关行业领域开设频道 122 个。在 2019 全国"两会"期间，"天眼新闻"一炮打响，《要喝没有污染的茶，就到贵州来！》《确认过眼神，大数据就是贵州要找的"人"！》等爆款作品首发并频频刷屏。2019 年 8 月 20 日，天眼新闻北京运营中心

2015 年起，贵州创新时政传播方式，推出"多娃彩妞看贵州"系列动漫报道，赢得广泛好评，荣获中央网信办全国"两会"网络宣传创新奖。业界专家评价："多娃彩妞"的传播充分说明"小游戏是正能量推送创新地带"

挂牌仪式在北京举行，"天眼新闻"的传播覆盖迈上新台阶。接下来，"天眼新闻"将致力于"贵州之窗"建设，让天下贵州人通过"天眼新闻"汇聚奋进激情，让世界通过"天眼新闻"感知贵州温度。贵州广播电视台打造媒体深度融合创新示范基地、动静学院，动静 APP 下载量超过 180 万人次，日活跃用户量达到 60 万人，专访"老干妈"创始人陶华碧的短视频两天播放量超 1.5 亿人次。在抖音平台发布的 2019 年 3 月媒体抖音号月榜中，"动静贵州"以突破 4.4 亿人次播放量的骄人成绩，位列全国媒体抖音总榜的第七名。2019 年 5 月，快手账号"动静视频"，在一个月内便涨粉至 85 万人。"众望"APP 的用户下载量也达到了 90 万人次。

### （四）县级融媒体中心建设走在全国第一方阵

2019 年 3 月底，贵州 88 个县（市、区）融媒体中心全部建成挂牌，经过两个月的调试完善，于 5 月底全面检查验收合格并投入实际运行。根据调研的情况来看，县级融媒体中心建设取得巨大成效。在全媒体矩阵建设方面，全省 88 个县（市、区）融媒体中心已全部建立新媒体矩阵，其中建立微信、微博、网站、客户端、头条号、抖音号等 6 个以上新媒体传播平台的县级融媒体中心达 60% 以上。在受众覆盖方面，桐梓县融媒体中心移动传播矩阵用户覆盖 40 万人，"娄山关"微信创下全国广电百强榜周榜第 9 位的好成绩，全媒体矩阵点击率同比增长近 40%；盘州市融媒体中心微信公众号"盘州发布"粉丝 12 万人，在全国县级电视台微信百强榜中 2019 年 4 月份排名第 17 位；红花岗区融媒体中心"今日红花岗"APP 累计下载量 88 万多人次，为该区总人口 65 万人的135%。在传播能力提升方面，石阡县融媒体中心推出《贵州石阡：

　　荔波县融媒体中心"荔波 dou 是好风光"抖出了 2.4 亿人次的播放量，有效传播当地的自然与人文风光

甘溪乡干群同唱"我和我的祖国"》快闪点击量达 60 万人次以上。2019 年"五一"期间，荔波县融媒体中心抖音号"抖"出了 2.4 亿人次的播放量，50 万人前往荔波打卡。红花岗区融媒体中心《一个人的升旗礼》被 5000 余家网站转载，累计点击量超过 2000 万人次。在功能建设完善方面，桐梓县融媒体中心开通 39 项便民服务，可申请办理 147 项行政业务；福泉市融媒体中心客户端提供网上缴纳水电煤气费、买房租房、交通违章处理等 33 项便民服务；赤水市融媒体中心广泛开展网上网下文明实践活动，开通"一号服务热

线"。总体上看，贵州县级融媒体中心建设走在全国第一方阵，必须继续瞄准一流、奋勇争先，推动县级融媒体中心建设各项工作工程化、项目化、具体化、系统化。

**（五）市级媒体融合发展下好"先手棋"**

坚持合力抓整体提升，对市（州）融媒体中心建设提标杆、定标尺，做大全省融媒体增量。贵阳市投入1200万元建设市级融媒体中心，建立"省、市（州）、县三级融媒体中心协作体系"，积极推动传统媒体平台和新兴媒体平台在内容、渠道、平台、经营、管理等方面深度融合。2019年贵阳市"两会"期间，贵阳市融媒

2019年9月28日，贵州广播电视台联合市（州）、县融媒体中心开展"贵州恋歌"联合大直播，总收看量超500万人次

中心 5 天时间网络传播量超过 5100 万人次。遵义市、黔东南州以深化机构改革为契机，将市级媒体合并组建融媒体中心。在全国抓紧研究推动市级媒体融合发展的重要阶段，贵州部分市（州）先行探索、先行推动，先发优势相对明显。

## 四、具体深入唯实推动决策落地见效

推动媒体融合发展，不仅需要新闻宣传战线的深情投入、精准的基本方略、良好的工作思路，还需要务实的工作方法。综合调研情况，再结合工作情况，调研组深深感受到，贵州媒体融合发展取得的进展成效，关键在于以攻坚拔寨的勇气、真抓实干的作风、务实高效的举措，切实履行好新闻宣传战线的责任和担当。

### （一）高位推动彰显了强烈的使命担当

贵州省委主要领导专门对推动县级融媒体中心建设、党报集团和党刊集团整体合并及融合发展作出批示，强调全省各级党委政府从政策保障、项目安排、资金投入等方面提供重点保障。省委分管领导多次就推动媒体融合发展的重点、难点问题到上海、浙江、广东、重庆等地广泛开展实地考察，深入基层实地调研，多次召开工作推进会议，亲自安排、亲自部署、亲自推动。不少县级融媒体中心反映，贵州省委关于推进县级融媒体中心建设的计划、安排和要求，充分体现立足前沿、紧贴实际、统筹推进三个特点，充分体现媒体融合发展要求。

### （二）高速推进确保各阶段目标如期完成

对省级党报集团和党刊集团融合、现象级新型主流媒体建设、市级融媒体中心组建和县级融媒体中心建设，贵州省委宣传部采取定时间表、定路线图、定工作量、定责任人的"四定"措施。特别是推动县级融媒体中心建设与市县机构改革同步安排、同步部署、同步完成，明确要求在 2019 年 3 月底以前完成建设挂牌工作。与此同时，明确省四家新闻单位负责支持县级融媒体中心建设，2018 年 10 月、11 月为 2 个月的自由签约期，2018 年 12 月起，在尊重双方意愿的基础上，由贵州省委宣传部统一安排划片签约，确保 2019 年 3 月底以前分片完成建设工作。这些重要举措，统筹兼顾、张弛有度，既最大限度激发各媒体及县级融媒体中心的主观能动性，又确保阶段性目标如期完成。

**（三）高效督促确保整体工作推进有力有序有效**

对于省级党报集团、党刊集团整体合并及融合发展，贵州省委宣传部严格对照省委提出的时间表，把握节奏、盯住节点，倒排工期、挂图作战，集中力量、严格程序做好编制核定、"三定"方案、清产核资、机构设置、工商注册、人员优化等系列工作，确保政策合理、程序合法、操作合规。目前，报刊社（融媒体集团）建设已基本完成。对于县级融媒体中心建设，强化省级调度，每月召开一次调度会议，开展一次实地调研，每周通报一次进度情况。强化示范带动，2019 年 1 月 20 日，贵州省委宣传部在桐梓县召开全省县级融媒体中心建设现场推进会，现场观摩了桐梓县融媒体中心建设情况，现场体验指挥调度、移动端系列产品，围绕视频报题会、直播连线等进行交流互动。省委网信办向贵州广播电视台颁授"贵州省媒体深度融合创新示范基地"和"动静学院"铭牌，通过"看"进一步提高思想认识，通过"想"进一步明确工作思路，通

　　贵州广播电视台 4K 超高清全媒体转播车是业内第一辆符合 ST 2110 标准的单流 4K/IP 转播车。车辆采用先进、安全的 IP 技术架构和高动态范围制作流程，满足奥运会转播标准。整车全长 17 米，采用拖挂式双侧拉厢体结构。系统规模为 18 个常驻 4K 讯道，最大可扩展到 24 个 4K 讯道，具备 4K 超高速和 4K 微波制作能力

过"干"切实抓好工作落实。强化人员培训，围绕县级融媒体中心内容建设、"中央厨房"打造、标准规范等，组织开展 6 期集中专题培训。

**（四）高质量验收进一步巩固融合发展成果**

贵州省委宣传部制定下发《贵州省县级融媒体中心建设指导手册》，对全省县级融媒体中心建设统一接口、统一标准、统一规范。以验收评估建设成果、促进深化发展，结合实际，制定 18 项贵州省县级融媒体中心检查验收评估指标，省市两级党委宣传部门共组建 11 个验收组，2019 年 4 月 25 日至 5 月 31 日，利用一个多月的时间全面完成清单验收评估工作。

## 五、挑战仍存，依然需要创新力和"愚公志"

当前，贵州媒体融合发展的形势很好。但在调研中，调研组也发现问题仍不同程度存在，融媒体现象级作品生产传播等还有薄弱环节、新兴技术应用等还有短板，数据资源共享、融媒体人才培养引进等推进力度还不够大。简要归纳，以下几个方面的挑战依然存在。一是"覆盖多影响小""有爆款无用户"两大"瓶颈"亟待突破。随着贵州各级各类主流媒体主动挺进新战场，打造全媒体矩阵，重构了传播格局。但在调研中也发现，覆盖率不等于传播力，部分县级媒体乃至省级媒体的日活与互动，与省外重点媒体、商业平台相比差距还不小。随着媒体融合全面铺开，主流媒体的优质产能得到释放和激发，2019 年以来，省级媒体的现象级作品不断增加，这在一定程度上带来流量。在调研过程中也发现，融合发展让主流媒体"动"起来了、"新"起来了、"活"起来了，但同时也要看到，沉淀下来的用户往往较少，"有爆款无用户"的现象依然存在。此外，省内一些传统媒体尚不能适应新的传播环境和受众需求，只是把内容简单装进网站；一些新媒体"形转神不转""新瓶装旧酒"。二是"数据闭环""技术恐慌"两大难题亟待解决。在融媒体功能建设"媒体 + 政务""媒体 + 服务""媒体 + 电商"等版块，各相关职能部门在功能迁移、数据共享、信息传输上还有所保留。尤其是亟须接入相关功能服务以扩大用户覆盖、提升用户黏性的省级现象级新型主流媒体，还未能打破行业壁垒和信息围墙，还未能完全实现和相关职能部门的互联互通。与此同时，技术更新后浪推前浪，媒介换代新芽催旧叶。对于日趋成熟的 AR、VR、MR 等虚拟现实技术应用，特别是面对即将来临的 5G 和物联网技术革命，各媒体存在不同程度的恐慌。三是融媒体人才、融合资金两大支撑依然不足。现行的人才体制、薪酬制度所能支撑的待遇在人才市场上相对缺乏竞争力，各级融媒体中心在引进人才、留住人才上处于被动地位，现行稿酬制度达不到预期的激励效果。同时，由于媒体广告收入不同程度下滑，媒体融合建设资金投入不足，在一定程度上制约各媒体转型升级特别是重大融合项目的实施。解决上述这些问题，需要我们坚持标准不降，从思想观念、政策保障、资金支持等方面深度发力，努力把政策优势、改革优势、资源优势转变为领跑优势，加快建设全国媒体融合向纵深发展的标杆和示范。

第一，思想认识要做到"四个更加"，争创先行先发新优势。进入"四全"媒体时代，舆论生态、媒体格局、传播方式发生深刻变化。"全程"，突破了时空尺度，零时差、"5+2"、"白加黑"，传播随时随地都可以发生；"全息"，突破了物理尺度，所有信息都可以变成数据，用一个手机就可以获取；"全员"，突破了主体尺度，从"我说你听"的一对多传播，变成了多对多传播，互动性也大大增强；"全效"，突破了功能尺度，集成了内容、信息、社交、服务等各种功能，成为"信息一条街"。这样的全媒体，让信息无处不在、无所不及、无人不用，导致舆论生态、媒体格局、传播方式发生深刻变化。全媒体时代的传媒竞争已经变换了赛道，如果踟蹰不前，还停留在原来的"舒适区"，只会错失机遇。针对当前认识问题，要更加自觉从全局高度认识推动媒体融合向纵深发展的重大意义，自觉站在国家战略和全局的高度，深刻认识媒体融合是一场不容回避的自我革命，主流媒体必须担起职责使命、顺应群众需求，积极应对新一轮科技革命给传播格局带来的深刻变革，遵循新闻传播规律和新媒体发展规律，进一步找准定位，主动呼应、主动对接、主动融入、加快推进；更加认识媒体融合发展给贵州媒体发展带来的重大机遇，抓关键，见实效，出亮点，真正把机遇转变为实实在在的发展成果；更加清醒看到关键在于狠抓落实，以高度负责的精神推进媒体转型升级，开拓进取，扎实工作；更加主动地以改革创新为动力推进媒体融合发展，积极投身融合发展实践，勇于创新创造，大胆实践探索，不断探索融合发展路径，广泛应用先进传播技术，大力创新传播方式，倾力打造融合精品，媒体融合发展的局面就能打开，融合事业发展就能蒸蒸日上，主流媒体事业发展的新空间就能大为拓展。

第二，内容建设要加强"两创"，争创持续发展新优势。信息芜杂，优质内容依旧是稀缺资源；人声鼎沸，主流声音依然是刚性需求。无论哪一层级的媒体，内容永远是根本，是"硬通货"，无论传播形式怎么创新、媒体形态如何变化，内容为王、内容制胜是永远不会变的。2019 年 8 月 13 日，贵州省委网信办举办了首批县级融媒体中心《互联网新闻信息服务许可证》颁证仪式，为中央宣传部重点联系推动的桐梓县、盘州市融媒体中心和贵州省委宣传部重点联系推动的修文县、正安县、普定县、金沙县、石阡县、沿河县、荔波县、台江县、兴义市融媒体中心等 11 家县级融媒体中心颁发许可证。2019 年 10 月，集中对第二批 77 个县级融媒体中心

脱贫攻坚连环计

2019 年，多彩贵州网"脱贫攻坚连环计"荣获第二十九届中国新闻奖二等奖

颁发《互联网新闻信息服务许可证》，在全国率先实现全省88个县级融媒体中心互联网新闻信息服务许可全覆盖，在规范运营、发挥作用方面迈出了重要一步。同时，75个县级融媒体中心完成《广播电视播出机构许可证》换发工作。这些采编权和各类牌照，就是主流媒体做好内容的核心资源和竞争力。

推动媒体融合向纵深发展，要继续加强内容建设。"两创"工作，即坚持内容创新，既要内容定力，也要内容魅力。要深化内容供给侧改革，通过融合发展，不断扩大内容产能，发挥内容引领优势，努力在专业姿态、思想含量上更上一层楼，以内容创新赢得受众，以内容优势赢得发展优势。特别是要推动各媒体精准定位、靠近读者，突出"感染人、吸引人、打动人"的话语魅力，积极改进表达方式，持续通过优质内容的供给"强信心、聚民心、暖人心、筑同心"。换言之，要深入改文风，坚持不懈改、持之以恒改，挤掉空话套话，摒弃矫揉造作，避免浮夸自大、自说自话，多写家常话、简短话、直白话，甄别善用网言网语，形成体现自身品格风格的话语话风。坚持平台创业，完善媒体功能。比如县级融媒体中心建设，要紧扣功能建设这个关键，着力健全主流舆论阵地、综合服务平台、社区信息枢纽、舆情"蓄水池"四大功能，推动贵州省88个县级融媒体中心积极打造"媒体＋政务""媒体＋服务""媒体＋电商"等信息服务综合体，把县域内的居民最大限度地纳入服务范围。一方面，资源统筹要更有力。要着眼于完善和提升县级融媒体中心功能，统筹好教育、卫计、民政、二商、住建等部门数据，加大数据资源向融媒体中心开放、整合、运用力度。凡是有利于县级融媒体中心建设，在市（州）、县层面可以统筹的数据资源，比如

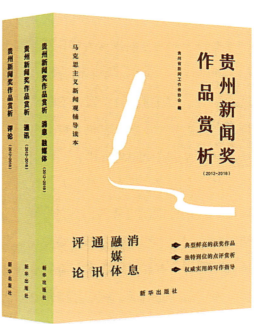

2019 年 11 月 8 日第二十个中国记者节，贵州省新闻工作者协会联合贵州日报当代融媒体集团编辑出版的《贵州新闻奖作品赏析》系列丛书正式发行。丛书将党的十八大以来历届贵州新闻奖部分获奖作品选编成册，生动再现了近年来贵州波澜壮阔的发展历程和翻天覆地的巨大变化，共收录通讯 78 篇、消息 93 篇、评论 70 篇、融媒体作品 34 篇，每篇文章皆附专家、学者的精当阅评

政务信息、医疗信息、交通出行、工商登记、志愿服务、就业培训等等，都要合法合规向县级融媒体中心开放。县级融媒体中心要主动作为，加大技术支撑和数据应用水平，积极打造成集媒体服务、党建服务、政务服务、公共服务、增值服务等功能为一体的融媒体平台。另一方面，舆情引导要更有效，要着力健全建强县级融媒体中心的信息搜集、舆情监测、化解处置、反馈功能，实现舆情跟踪处置一体化，将县级融媒体中心真正建成当地的舆情"蓄水池"。

第三，重大项目建设抓好"四个加快"，争创平台支撑新优势。一是加快"多彩云"由展到用转变，尽快完成前期展示阶段性成果转化，建设全省宣传文化系统管理平台，实现全省媒体"一键传播、一键删除、一键管控"的功能。要积极推进版权机制建设完善，探索技术平台向大数据传播业的发展，统筹规划同步做好平台网络安全建设。要充分发挥"多彩云"县级融媒体中心省级技术平台作用，将"新闻＋政务＋服务"的理念充分融入平台建设中，为县级融媒体中心在内容、渠道、平台、管理、运营、安全等方面提供基础支撑服务，把"多彩云"打造成为全省新闻信息和舆情"蓄水池"、共建共享共用平台和指挥管控中心。"多彩云"作为全省宣传文化系统的"云平台"，要坚持推动"多彩云"逐步建立传播排名、应用排名等客观评价体系，最终实现以"用云量"衡量贵州媒体融合发展以及县媒体中心建设的重要技术指标，类似于今天衡量经济发展的"用电量"。二是加快贵州日报报刊社（贵州日报当代融媒体集团）一体化机制提升，深入指导推动报刊社（融媒体集团）做好内设机构重塑、重构、优化及人员配备工作，发挥"1+3"中心统领优势，夯实三大运行机制，努力推动报刊社（融媒体集团）大发展、大提升、大增效，在加快创造运行机制新优势上走在前列，真正建成"西部领先、全国一流"的新型主流媒体集团。三是加快省级现象级媒体打造出实效、出成果。立足贵州、面向全国，不断加快媒体深度融合发展的工作步伐，切实强化传播手段和话语方式的创新，强化新媒体资源的整合发展，深度融入大数据综合试验区建设，在机制建设、队伍建设、经费保障、推广宣传等方面对省级媒体打造省级现象级新型主流媒体给予重点支持，着力打造贵州省现象级新型主流媒体。到 2019 年年底，省主要新闻单位网站在新型主流媒体建设上取得重大进展突破，终端载体、用户规模大幅拓展，新技术新产品新业务研发和应用能力大幅提升，传播力、引导力、影响力、公信力大幅提高；到 2020 年年底，打造出 2 家现象级新型主流媒体，其中至少 1 家进入全国新媒体第一阵营、省级新媒体前列，成为省级主流媒体进军新兴媒体的标杆。四是加快县级融媒体中心融合发展。媒体融合不是权宜之计，而是发展大计，不是"左手一只鸡、右手一只鸭"的简单相加，而是"你就是我、我就是你"的有机相融。对于县级融媒体中心建设也是如此，要深刻把握推动县级融媒体中心成为党委引领舆论占领阵地的有力工具这一核心要求，继续激活"神经元"，畅通"毛细血管"，深入推动中心各媒体平台"合而为一"，在软件、硬件这些基础性、战略性工作上下功夫，以融通网上网下的机制激发"制度效能"，以服务内容生产的技术实现"技术赋能"。抓好建设资金投入，充分发挥好中宣部专项资金及贵州补助资金的引导作用。五是大力实施"新媒体用户井喷计划"，用两年时间，推动至少 2 家新型主流媒体 APP 下载量突破 500 万人次、日活跃用户突破 50 万人，加上微博、

亚洲第一高跨桥——鸭池河大桥

鸭池河大桥
YaChiHeDaQiao

2019 年国庆节期间，贵州日报当代融媒体集团"天眼新闻"策划推出"壮丽 70 年·飞越新贵州"大型航拍纪录片，首次运用无人机对贵州 88 个县（市、区）进行航拍

微信和今日头条等平台用户，总覆盖人数突破 2000 万人。其中，至少 1 家 APP 下载量突破 1000 万人次、日活跃用户突破 100 万人，总覆盖人数突破 3000 万人。指导各新闻单位网站要经过广泛调研、深入论证，制定新闻客户端全面发展规划，进一步明确发展定位，优化界面设计，完善新闻、文化、社交、娱乐、生活服务、信息发布等频道，拓展细分栏目的种类和数量，强化互动问答、一键转发等功能，打造特色鲜明、功能齐全的综合类聚合性新闻客户端。

第四，技术革新坚持"四个发力"，争创创新发展新优势。一位传播学者曾说:"媒介即讯息""媒介是人的延伸"。回溯历史,媒介变革与社会进步密切相关,深深影响并推动了人类文明进程。从文字、印刷术、电信技术到互联网,历经四次传播革命,出现了"全程媒体、全息媒体、全员媒体、全效媒体"。舆论生态、媒体格局、传播方式深刻变化,重组着内容生产与信息传播的链条,一个"万物皆媒"的全媒体时代也渐行渐近。从"连接一切"的网络化,到"智能互联"的智能化,信息技术勃发出巨大能量,是创新的第一驱动力。云计算、大数据、人工智能,归根结底都是从技术创新起步,再驱动架构、流程、产品的创新,这是互联网行业的发展规律。换言之,媒体不仅应该是信息传播、新闻生产的最前沿,更应该是运用先进技术的最前沿。主流媒体推进深度融合,走高质量发展道路,同样绕不开这个路径。融合发展的每一步,都凝结着技术的力量,技术甚至由支撑要素转变为引领要素。随着互联网的广泛普及并成为基础设施,新技术新应用不断涌现,"大数据 + 云计算"的人工智能、区块链以及量子通信、空中互联网为代表的颠覆性通信技术,将给新闻传播带来新的变革和机遇。要坚持"四个发力",为融合发展插上先进技术的翅膀。发力技术保障,支持各媒体加大技术投入,县级融媒体中心建设的技术保障要从"以建为主"转向"以用为主",加速推进技术平台的优化升级,迅速解决版本漏洞和使用问题,使"中央厨房"应用更加流畅便捷。发力技术培训,特别是县级融媒体中心技术培训要从"集中培训"为主转向"现场指导教学"为主,省 3 家主要新闻单位继续派出技术专班,集中开展现场指导教学。办好全省新媒体中心主任培训班。发力技术革新,要推动各媒体大胆使用成熟技术，紧盯 5G 技术，AR、VR、MR 等虚拟现实技术，物联网技术等技术前沿动态，主动学习，超前规划，结合媒体自身发展实际，适时引入，适时进行技术革新。发力占领新兴传播阵地。当前，移动应用、社交媒体、问答社区、网络直播、聚合类平台、自媒体公众号等新应用新业态不断涌现，短视频、微博、微信、客户端等日益成为信息传播的主渠道、主平台。当下最热最红的就是网络短视频，中国网络视听节目服务协会《2019 中国网络视听发展研究报告》显示，短视频的发展速度惊人，2018 年我国网络视频（含短视频）用户达 7.25 亿人，网络视频（含短视频）是中国第二大互联网应用，仅次于即时通信，市场规模达1871.3 亿元，其中短视频市场规模 467.1 亿元，同比增长 744.7%。2018 年，我国短视频用户规模达 6.48 亿人，其中抖音、快手稳居行业第一梯队，在短视频用户中渗透率高达 54.25%。该研究报告还显示，短视频对新增网民的拉动作用最为明显，新增网民对网络视听应用的使用率中，短视频使用率高达 53.2%，高于综合视频、网络直播、网络音乐。要在全省媒体继续发出总动员，抢占抖音、快手等短视频阵地，不断增强短视频生产能力和传播能力，开展可视化传播，在主题宣传、形势宣传、成就宣传、典型宣传中，围绕"金句"宣传、多彩贵州形象传播等制作推出更多精品短视频。

　　第五，平台建设紧扣"一个战略"，争创数据新闻新优势。根据国际数据资讯有限公司（IDC）监测，全球数据量大约每两年翻一番，预计到 2020 年，全球将拥有 35ZB 的数据量，并且 85% 以上的数据以非结构化或半结构化的形式存在。从互联网到"互联

（亿元）

| | | | | |
|---|---|---|---|---|
| 49.3 | 74.4 | 19.0 | 55.3 | 467.1 |
| 248.8 | 404.3 | 228.5 | 440.6 | 516.2 |
| | | 641.5 | 728.8 | 888.0 |
| 2014 | 2015 | 2016 | 2017 | 2018（年份） |

■ 综合视频市场规模（亿元）  ■ 网络直播市场规模（亿元）  ■ 短视频市场规模（亿元）

2018 年我国短视频市场规模 467.1 亿元，同比增长 744.7%

网 +"，中国互联网的发展处在一个重要的转折点上。现在有一种提法：我国的互联网从跑马圈地的"上半场"转入精耕细作的"下半场"。无论这种说法是否贴切，但有一个现象尤其值得我们关注：随着互联网时代的发展，流量红利正在消失，大数据红利的价值正在凸显。就区域传播的角度而言，大数据的飞速发展，把我们生活的时代由"信息时代"带入"数据时代"，也逐渐为区域传播插上了隐形的翅膀，甚至有业界专家指出，大数据正在并将一直在呈现方式、生产流程和生产理念等方面对新闻生产产生巨大影响，今天的新闻传播和内容生产，谁占有大数据谁就拥有未来。目前媒体行业对大数据的利用，第一方面是内容生产上，用数据做新闻，比如 DT 财经和阿里巴巴合作之后获得的一些数据，专注于数据新闻；第二方面是将媒体自身的媒体资源数据化，建立所谓的"媒体云"，比如 SMG 版权资产中心已经初步建立了这样的统一平台，将过去和现在的新闻媒体资源通过技术手段数字化，提高新闻采编的效率和内容的丰富性；第三方面就是媒体通过数据开拓咨询业务；第四方面是根据用户数据分发新闻，如今日头条，精准推送，增强用户黏性并且挖掘更深的商业价值。贵州是全国首个大数据综合试验区，具有发展大数据产业的先天优势和后发优势，在实现大数据"聚通用"等方面积累了丰富经验。要紧扣大数据战略行动，深度融入大数据综合试验区建设，积极挺进"大数据+AI"领域。特别是要充分利用我省在大数据发展方面的优势，不断开发大数据采集、挖掘技术，从素材收集、筛选、分析、成文等各个方面，推动新闻生产环节的智能化变革。研发补充多种类型的业务功能模块，不断优化网络舆情信息处理技术平台支撑功能，加大舆情计算分析能力，将其打造为网络舆情大数据处理中央平台。要在"机器学习+算法"上下功夫，强化用户的个性化推荐，进一步推动新闻资讯的精准分发，切实提高用户到达率。

第六，体制机制建设突出"两个夯实"，争创制度效能新优势。夯实联动机制，建立健全媒体融合发展联席会议制度特别是县级融媒体中心建设联席会议制度，定期召开县级融媒体中心建设联席会议，在领导配备、数据开放、资质申领、项目支持等方面攻坚克难、重点突破。比如数据开放，协调各部门主动对位，着眼于县级融媒体中心功能完善，将可以开放的数据、信息、服务等优先向县级融媒体中心开放。比如政务信息、医疗信息、交通出行、工商登记、志愿服务、就业培训等。省直有关部门要指导市（州）、县统筹教育、卫计、民政、工商、住建等部门数据，加大数据资源向融媒体中心开放、整合、应用力度，推动县级融媒体中心积极打造成集媒体服务、党建服务、政务服务、公共服务、增值服务等功能为一体的融媒体平台。比如采编资质申领　2019 年 8 月 13 日，贵州省委网信办举办了首批县级融媒体中心《互联网新闻信息服务许可证》颁证仪式，为 11 家县级融媒体中心颁发许可证。下一步，要在严格把握政策、严格打好把关基础上，继续加大力度支持县级融媒体中心依法依规申请《广播电视播出机构许可证》《信息网络传播视听节目许可证》，支持县级融媒体中心采编播人员申领新闻记者证和播音员主持人证等。夯实督查机制，强化督促检查，实行严格考核，完善考核办法，把考核结果作为领导班子建设考核的重要依据。

第七，队伍建设做实"三个推动"，争创人才资源新优势。当前新媒体发展呈现知识密集型、技术密集型等特点，国内部分新媒体的技术人员已占总人数的一半甚至三分之二。经过近年来的培养锻炼，媒体中会使"十八般兵器"的融媒人才已并非是"特种兵"，而且已经形成了一定的数量，但和推动媒体深度融合的需求相比，这样的数量还远远不够。一是要推动现有人员继续转型。既要在培训培养上下功夫，通过专题培训、实战演练、业务研讨、观摩交流等手段，努力实现全员转型，积极引导现有人员通过培训掌握新观念、新技能，逐渐转型为融媒记者、融媒编辑、全媒管理人才，同时也要打通传统媒体和新媒体人才使用通道，推动名记者、名编辑、名评论员、名主持人到新媒体平台上去施展拳脚，鼓励记者开办微博、微信公众号、抖音号，在网络媒体上推出原创栏目、原创节目，成为传播正能量的"网红"。要发挥评奖评先的示范导向作用，在贵州省"甲秀文化人才"评选中更加关注融媒人才，在贵州新闻奖评选中进一步加大融媒体作品的比例，在组织的重大主题报道"三优"（优秀策划、优秀作品、优秀记者）评选中加大融媒体记者和融媒体作品的数量。二是着力推动后备人才储备培养。

目前，贵州的高校中设立新闻学院、传媒学院以及办有传媒专业的学院，都开设了新媒体课程甚至明确了新媒体人才培养方向，取得了一定成效，为新闻战线源源不断地培养输送了一批融媒人才，但与融合发展实践结合还不够紧密。2017年，贵州部校共建传媒学院的数量由过去的一所扩大为三所，即贵州大学文学与传媒学院、贵州师范大学传媒学院、贵州民族大学传媒学院，为厚植媒体人才优势提供了重要支撑。接下来，要继续用好部校共建传媒学院、多彩贵州传媒大讲堂、卓越新闻传播人才教育培养计划、高校人才培养基地等平台，根据推动全省媒体深度融合发展、培养全媒体人才的需要优化专业设置、课程安排，组织撰写新闻学教材，同时，促进高校新闻院系与新闻单位的对接交流，强化对媒体融合的前瞻研究、趋势分析、实践总结，为推进深度融合提供学理支持。三是推动创新人力资源机制。探索建立与之相适应的激励约束机制，进一

贵州逐步将"多彩贵州传媒大讲堂"打造成为全省新闻界锤炼"四力"推进工作促进发展的常态化特色品牌

步完善用人体制、优化人才环境。要研究设计更加科学合理的考核评价体系、职级晋升制度、薪酬分配办法，吸引凝聚融媒体内容生产、技术研发、经营管理等方面急需的高端人才。尤其是要建立起一套以绩效考核为基础、一视同仁的激励约束机制，奖勤罚劣、奖优汰劣，促使首席记者、优秀编辑脱颖而出，并与一般人员薪酬拉开档次。建议以报刊社（融媒体集团）为试点，鼓励各媒体共同探索，建立媒体"双通道"晋升制度，加大政策资金的支持，建立一整套符合互联网传播规律的内容综合评价体系、职务晋升制度和绩效考核分配办法。支持做好"天眼大学""动静学院""众望全媒体大数据学院"建设，在重点主题采访实践及蹲点调研中锻炼"四力"（传播力、引导力、影响力、公信力），打造队伍建设升级版。

# 第二章

# 宣传文化"牵手"大数据
# "多彩云"托起深度融合

## ——贵州推动媒体融合向纵深发展系列调研报告之二

为深入贯彻落实习近平总书记关于网络强国的重要思想，推动媒体融合向纵深发展，作为全国首个国家大数据综合试验区，贵州超前谋划，让宣传文化和大数据"手牵手"，媒体融合发展与互联网建设同频共振，以数据的聚合、融通、应用为主线，整合全省宣传思想文化系统平台和大数据资源，建设覆盖全省，统一平台、统一架构、统一资源、统一接入、统筹利用的宣传思想文化数据共享大平台——"多彩贵州宣传文化云"。

"多彩云"既是全国首个覆盖贵州全省各级宣传文化系统的跨地域、跨层级、跨部门、跨业务的大数据平台项目，也是全国首个自主研发的省级宣传思想文化系统"中央厨房"。"多彩云"项目的建设是贵州省宣传文化系统积极参与全国首个大数据综合试验区建设的具体举措，是全省宣传文化系统深入贯彻落实省委大数据战略行动，坚定不移将大数据战略行动向纵深推进，实现大数据发展质的飞跃的生动实践。经多次调研、访谈、研究，调研组对"多彩云"的阶段性成效进行深入分析，并就"多彩云"的发展提出相关建议。

# 一、省级平台和标准体系同步建设力求全国性创新成果

"多彩云"由贵州省委宣传部作为"云长"单位，贵州省委网信办作为牵头单位，贵州省管国有企业多彩贵州网作为承建单位。主要由贵州本地国有企业技术团队为平台研发和信息安全提供技术服务和保障，让核心数据、核心技术留在贵州，实现了党管数据、党管技术。2018年3月，在贵州省委宣传部的统一部署下，多彩贵州网整合全网技术力量推进"多彩云"建设。2018年5月一期正式上线运行，2019年4月二期建设完成，2019年5月"多彩云"在全国第二届数字中国建设峰会上成功亮相。2019年8月26日，贵州省县级融媒体中心省级技术平台和"多彩云"事业发展中心揭牌。

## （一）有力有效推进，平台建设成效初现

"多彩云"项目建设始终坚持"党管媒体、党管数据"原则，以满足用户需求作为中心环节，着力搭建全省宣传文化系统工作互联、资源互通、优势互补的协调机制和应用体系，明确以打造融合传播、业务集成、数据资源、技术支撑、指挥管控、信息服务"六大平台"为主要建设内容。公司高度重视项目建设，将其作为头等政治工程和龙头工程，投入精兵强将，集中优势资源加

快推进项目建设。一是打造融合传播平台。大力推进传统媒体与新媒体深度融合，新建或牵引社科、媒体、文化、文产、版权、广电、综合等业务版块应用支撑，形成覆盖面广、传播力强的新型宣传思想文化融合传播矩阵。二是打造业务集成平台。主要依托云运营管理平台、宣传部管理平台、云应用扩展平台三大分平台，通过一体化采编、大数据分析等技术系统支撑，实现省级优势资源和技术与基层单位共通共用共享。三是打造数据资源平台。通过一体化采编、大数据分析云平台支撑等技术系统，建设具备强大计算能力和大数据存储承载能力的数据中心，实现多种传播媒体的数据融合、信息共享。四是打造技术支撑平台。通过综合应用大数据技术、云计算技术、网络安全技术等，探索研究与宣传思想文化工作相适应的数据分析技术，在资源共享基础上提供开放、多样、共赢的创新型融合传播生态系统及其应用。五是打造管控指挥平台。强化云平台管理功能，在省、市（州）、县三级宣传思想文化系统的舆情监测、舆情上报及协同处置等方面进行流程化管控，实现舆情处置跨层级、跨系统的快速响应与协调指挥。六是打造综合服务平台。以完善的技术平台实现跨行业、跨业务协同，以标准化流程实现数据融合、资源共用，打造能满足新时代人民需求的宣传文化公共服务平台。

截至 2019 年 7 月，通过贵州省委宣传部、省委网信办指挥协调，各成员单位集中攻坚、协同作战，一是完成了技术支撑平台的搭建；二是建成了数据汇集中心、数据治理中心、数据融合分析中心等底层系统；三是完成了媒体传播洞察监测系统和基于人工智能的"数据大脑"等应用系统开发；四是实现了资源汇聚、数据大脑、版权服务、指挥管控、传播感知、服务群众等技术功能模块的上线应用，并向全省宣传思想文化单位和县级融媒体中心开放。截至 2019 年 7 月，平台已具备省、市（州）、县三级宣传文化系统数据资源直接汇聚、共享、管理和发布能力，以及向省、市（州）、县三级宣传文化系统单位现有应用平台提供数据汇聚与共享接口的能力。"多彩云"平台在创新自主研发大数据云平台，创新探索建立大数据应用版权机制，推动宣传思想文化工作、媒体深度融合发展、公共文化服务与大数据融合发展和公共文化服务数字化建设等方面取得了初步成效。

"多彩云"着力实现了省、市（州）、县三级宣传文化系统核心数据的汇聚和流通

### （二）把握规范标准，实现全国性重要成果

"多彩云"项目标准体系由总体标准、数据标准、交换标准、信息安全标准四个分体系组成。为确保项目严格按照工作要求有序实施，建设团队对系统平台设计和建设过程及结果实行标准化、规范化管理，不断对业务流程的标准化、规范化进行梳理和优化，建立了数据资源目录、数据采集和管理标准，进一步强化了"多彩云"平台和县级融媒体中心的深度对接，严格对标国家《县级融媒体中心省级技术平台规范要求》规范建设。与此同时，接入了省级政务、电商、民生服务等应用，为县级融媒体中心提供更多服务支撑。建成了贵州宣传思想文化系统最大的"中央厨房"，实现了省、市（州）、县三级宣传思想文化系统数据"聚通用"目标，取得了"两创新、两率先"阶段性成果。

"多彩云"数据交换平台已全面完成既定工作目标，截至2019年10月30日，已汇聚全省各级文化系统单位和各级融媒体中心数据195.7万条。包括全省理论、新闻、文旅、广电、文明、网信、综合、出版等业务版块的图、文、音频、视频各类数据资源。其中，省直宣传文化系统应用接入12家单位，21个应用，实现省直宣传文化单位100%接入，汇聚数据74.2万条；全省各市（州）均通过"多彩云"技术平台进行数据推送接入，实现全省各市（州）全覆盖，汇聚数据70.9万条。

2018年10月以来，贵州超常规推进县级融媒体中心建设，并将"多彩云"作为县级融媒体中心建设的省级技术平台。截至2019年3月底，全省88个县级融媒体中心全部建成；4月，县级融媒体中心数据100%接入县级融媒体中心省级技术平台"多彩

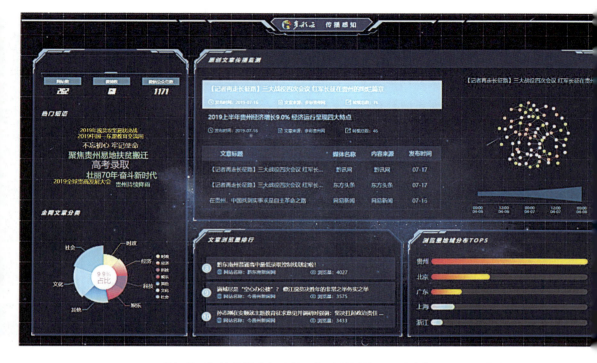

"多彩云"的传播感知功能为提升传播效果和效率提供了重要载体

云";5月,在全国率先实现全省县级融媒体中心统一上线联通运行,汇聚数据 50 万余条。

**(三)创新成果展示,亮出贵州融媒新名片**

为充分展示贵州宣传文化与大数据融合发展成果,"多彩云"平台还先后在 2019 数字中国建设峰会、2019 深圳文博会、2019 贵阳数博会上进行展示,均取得良好展陈效果,获得专业同行的赞许。

从调研情况来看,"多彩云"的建设,有力推动了贵州宣传思想文化工作与大数据深度融合,增强了公共文化服务能力,提升了媒体传播能力。大数据技术辅助社会治理,服务群众有了新渠道。

作为省级技术平台，"多彩云"始终坚持和各地县级融媒体中心深度合作，挖掘各地不同需求，定制开发更多特色化、本土化的服务功能，不断挖掘互联网应用"增量"，不断推进贵州媒体融合向纵深发展。

## 二、两大系统六大功能驱动融媒体高效运行

"多彩云"的两大系统和六大功能，为各级融媒体尤其是县级融媒体中心提供了强有力的引擎，真正实现融为一体、高效运转。

两大系统包括"多彩云"的数智融媒系统和协同指挥系统。数智融媒系统为全省各县级融媒体中心的各项功能提供技术支撑，全面提升县级融媒体中心的对外传播能力。"多彩云"的协同指挥系统，作为全省宣传文化系统的统一指挥体系，努力实现省、市（州）、县三级充分融合、上下联动。两大系统使得"多彩云"在具体应用和实际操作层面上具备以下重要功能。

一是资源汇聚。"多彩云"的"聚通用"，最为重要的是推动媒体融合。"多彩云"具备科学有效的数据治理能力，将汇聚而来的散乱数据进行合理分类，用户可快速查找调用素材，辅助内容生产，提高工作效率。在整个系统中，既可以直观查询各家单位应用接入、调用的实时数据，也可以看到及时分析接入数据的类型分布、渠道分布，以及调用服务的请求情况。同时实现内容要素如主要人物、地点、事件、作者、发布媒体等多个维度进行数据检索功能。

二是数据大脑。依托"多彩云"海量数据，运用先进的知识图

"多彩云"运用先进的知识图谱等核心技术打造数据大脑

谱等核心技术打造数据大脑，通过搜索关键词，遴选相关新闻，比如检索"脱贫攻坚"这个核心词，系统将汇总显示全省关于脱贫攻坚的所有新闻报道，筛选出贵州脱贫攻坚领域的重点人物和重要区域等数据信息。比如在系统中输入"茶"，智能检索相关信息能即刻呈现当前全省关于茶的所有信息，方便采编人员使用。

三是版权服务。在内容数据的流通、调用过程中，必然产生版权问题。"多彩云"能够通过版权服务平台提供智能化的版权存证、登记、交易和侵权监测服务。各单位在上传数据时就能便捷地完成版权的存证、登记，在调用数据的过程中，平台能智能化地完成版权的交易和结算。

四是指挥管控。通过工作协同平台实现全省宣传工作指挥调度和指令传达，并对工作指令的到达情况、执行情况和效果反馈进行跟踪评估。"多彩云"省级协同指挥平台作为信息枢纽，通过协同指令系统的一键管控、一键推送、一键删除指令，可以有效提升管网治网水平。

五是传播感知。依托"多彩云"的传播感知功能可以迅速、科学、客观分析评估传播态势，为新闻传播工作提供决策辅助，从而提高传播效果和效率。例如，可通过关注文章浏览量来了解网民的实时关注动向。

六是服务群众。为更好地服务群众，"多彩云"接入了贵州省政务民生服务平台和电商服务平台，为宣传文化事业提供政务、民生、电商等应用服务支撑，从而很好地实现了"新闻＋服务"的传播形态。这两个平台均由多彩贵州网独立研发，其中，政务民生服务平台"多彩宝"已于2018年实现城乡全覆盖，可实时查看群众使用"多彩云"提供的民生服务、政务服务、电商服务情况。

## 三、破解"两大瓶颈"打造迭代升级的生态系统

目前，"多彩云"的建设还亟须突破体制、技术开发"两大瓶颈"。体制机制方面的不足体现在四个方面。

一是三家省级媒体单位技术交流需要加强。在省级层面，作为承建全省县级融媒体中心的三家省级主要新闻单位技术交流不足，在数据打通、应用部署、快速响应等方面存在一定程度的沟通

障碍。二是市（州）平台建设缺乏规范标准和政策支撑。虽然大部分市（州）已经启动了"多彩云"市（州）平台建设，但建设进度尚未跟上发展需要，数据汇聚仍以各市（州）电视台、报社等媒体单位为主。亟须出台市（州）级平台建设规范标准和配套政策，明确市（州）级平台建设规范、功能和数据标准，实现市（州）级平台与"多彩云"的数据全面打通。三是县级融媒体中心技术平台利用率需要提高。三家承建单位建设的县级融媒体中心各有优势和短处。总体来看，都需要进一步提升服务能力和技术水平，进一步完善功能。全省各区县对县级融媒体中心技术平台使用技术尚不娴熟，导致县级融媒体中心技术平台数据量不大、质量不高，从而制约"多彩云"数据汇聚更新、共建共享等功能作用的发挥。四是版权机制的推动需要加快。各宣传文化单位要更加积极主动配合，共同推动建立贵州省宣传思想文化系统版权机制。

技术开发方面的不足体现在两个方面。

一方面，省直12家单位信息化程度不均衡。12家省直单位信息化水平不均衡，部分省直宣传文化单位已经建设了比较完善的信息化系统，可以通过标准的数据接口接入"多彩云"平台，但少数省直宣传文化单位的信息化系统建设刚刚起步，目前只能以网站新闻数据推送为主。另一方面，"三个一"功能开发安全管控需求。平台"一键管控、一键删除、一键上稿"功能开发和运用亟待制定相应规则和标准。

针对上述问题，"多彩云"应继续从以下方面着力，不断完善平台功能。

### （一）加强组织统筹和形成专门工作力量

将组建的"多彩云"事业发展中心进一步作为"多彩云"项目的执行部门，选优配强人员，明确岗位职责。"多彩云"项目前期的设施、设备等资产要全部转移到"多彩云"事业发展中心统一管理，后期的项目建设资金，"多彩云"事业发展中心要作为建设主体全程规范管理，并科学规划运行维护经费预算。

### （二）尽快实现成果转化

要尽快完成前期阶段性成果转化，建设全省宣传文化系统管理

"多彩云"平台努力研发实现版权追诉和维权取证功能

平台，进一步健全媒体考核机制，初步实现传播排名，建立各地各部门技术应用排名等参考标准。

### （三）积极推进版权机制建设完善

继续推进数字版权标识，建设版权利益分配制度，同步研发平台所属版权追诉和维权取证功能。尽快建立数字版权标识和版权利益分配机制，平台实现版权追诉和维权取证功能。

### （四）探索技术平台向大数据传播业的发展

"多彩云"建设总体目标以"行政聚集，企业运作"为原则，要求"多彩云"事业发展中心必须树立企业化发展的目标，"多彩云"平台必须探索市场化发展方向，确立商业目标。在平台内部数据交换的同时实现资源交换，探索平台内部与外部的商业交流合作机制，争取产生新的产品，并孵化出新的项目。

### （五）统筹规划同步做好平台网络安全建设

加强对"多彩云"项目网络安全全程指导，提高"多彩云"项目的网络安全技术和管理水平，项目建设同步做好信息系统安全等级保护工作，完善安全制度设计。

# 第三章

# 打造融媒体集团
# 建成新型主流媒体

## ——贵州推动媒体融合向纵深发展系列调研报告之三

习近平总书记指出，推动媒体融合发展，要坚持一体化发展方向，通过流程优化、平台再造，实现各种媒介资源、生产要素有效整合，实现信息内容、技术应用、平台终端、管理手段共融互通，催化融合质变，放大一体效能，打造一批具有强大影响力、竞争力的新型主流媒体。

2018年10月以来，贵州多次调研并召开推进工作会议，全力推进贵州日报报业集团、当代贵州期刊传媒集团整体合并及融合发展，成立贵州日报报刊社、贵州日报当代融媒体集团。2019年1月7日，贵州省委全面深化改革委员会第一次会议决定：推动贵州日报报业集团、当代贵州期刊传媒集团整体合并及融合发展。2月1日，贵州日报报业集团、当代贵州期刊传媒集团整体合并及融合发展动员大会召开。贵州省委明确要求，贵州日报当代融媒体集团要努力打造"西部领先、全国一流"的新型主流媒体集团。2019

年2月底，贵州日报当代融媒体集团成立，标志着贵州新闻宣传事业进入新的发展阶段。2019年国庆节期间，贵州日报报刊社、贵州日报当代融媒体集团正式挂牌，组建总体工作蹄疾步稳、紧凑有序，实现"五个到位"，即机构设置到位、领导班子配备到位、运行机制重构到位、部门职能界定到位、"三定"方案落实到位，报刊社（融媒体集团）的内容生产、渠道建设、新闻传播效能大大提升。调研组多次深入开展调研，对报刊社（融媒体集团）建设机制等进行深入研究。

## 一、系统谋划，组建工作实现"六新"

组建报刊社（融媒体集团），时间紧、任务重、要求高，贵州省委宣传部成立贵州日报报业集团、当代贵州期刊传媒集团整体合并及融合发展工作领导小组，由省委常委、省委宣传部部长任组长。领导小组多次专题研究组建工作，审定机构编制、方案报备审批、财政支持等重大事项，切实强化对改革的准确定位，切实把握"四全"媒体建设规律，确保组建工作始终坚持一体化融合发展方向，"加"出新空间，"融"出新动能。调研结果显示，从这一段时间的运行来看，报刊社（融媒体集团）主心骨越来越硬，主阵地越筑越牢，主旋律越唱越响，工作成效逐渐显现。2019年7月30日，第四届全国党报网站高峰论坛发布了《2019全国党报融合传播指数报告》，贵州日报当代融媒体集团荣列综合传播力西部第一。同时，荣获中国政府出版奖的《当代贵州》杂志出版质量继续稳步提升，当代先锋网综合传播力首次跨入全球中文网站万名以内，位居

6000 名左右。

第一，融合组织架构树立新标杆。坚持一体化原则、媒体融合发展原则、"四全"媒体原则，设置报刊社（融媒体集团）机构，共设置内设机构 50 个，其中业务机构 29 个、派出机构 11 个、管理机构 10 个，较原有机构总数减少 19 个。特别是创新设置并强化"融媒体指挥中心"+"融媒体采访中心、融媒体编辑中心、融媒体技术中心"这"1+3"中心的统筹职能，29 个业务部门全部归并到"1+3"中心指挥体系，进行统一调度。其中，融媒体指挥中心是"中枢"，负责统筹调度策采编发资源，从战略层面对所有媒体平台的宣传报道进行指挥调度，负责各平台和相关人员的考核、监督，确保中宣部和省委的指令统进统出、贯彻落实，确保融媒体报道"指挥棒"作用的发挥。融媒体采访中心是"神经末梢"，负责

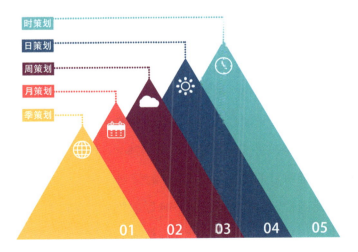

5 类策划机制牢牢抓住"内容创新"这个根本，把握好时度效，以内容优势赢得发展优势

统筹调度采访资源，对报、刊、端、网、音、视、微、号内容进行融合策划、融合采集，按照"无图片不传播、无视频不新闻"的原则，确保"全要素采集、移动端优先"功能的发挥。融媒体编辑中心是"集成处理器"，负责统筹调度编辑工作，以融媒体"中央厨房"为支撑，以县级融媒体中心为延伸，"八位一体"完成报、刊、端、网、音、视、微、号内容的策划、编辑、制作、把关、发布工作，确保全媒体报道"中场发动机"作用的发挥。融媒体技术中心是"保障系统"，负责统筹调度技术工作，负责媒体融合的技术保障、技术引进、技术研发，以及数据云平台建设、县级融媒体中心技术工作，确保媒体融合"技术引擎"作用的发挥。

第二，运行机制建设取得新升级。在全省率先落实好融合发展"6个100%"，实现采访力量迁入融媒体中心率100%，"中央厨房"建设率100%，移动端首发率100%，复合型、全媒体新闻采编人员占比100%，接入多彩贵州宣传文化云新闻资源共建共享率100%，县级融媒体中心建成率100%。特别是在建立健全融媒体集团运行机制上解放思想、创新思维、狠下功夫。在选题策划机制方面，设置"季、月、周、日、时"5类策划机制。季策划、月策划由社长主持，对一定时段内的主题策划进行统筹、周密安排；周策划由总编辑主持，对重大选题进行策划部署；日策划由分管副总编辑等主持，即每日的常规策划安排；时策划由网端负责人根据舆情地图的作用随时发起，快速实施，确保选题策划及时跟上传播形势发展，及时保持对选题的敏感性。在传播响应机制方面，实行四步响应，第一步，快讯＋图片，10分钟内响应；第二步，60秒以内短视频，30分钟内响应；第三步，完整新闻呈现＋信息补充，2小时内响应；第四步，修改完善，完成报刊稿件，5 小时内响应。彻底打破传统媒体工作周期，提高新闻播发时效，在多媒体平台终端实行 24 小时值班、24 小时不间断发稿，实现全程媒体。在融通共享机制方面，建立完善统筹协调、融媒体指挥调度、线索通报、采前策划、三审三校、移动首发等 9 项采编工作制度，打通所有新闻信息生产单位人员、信息、图片、技术、设计资源，实现各平台资源共享无壁垒、信息共享传播无障碍、流程运行畅通无梗阻。

　　第三，传播平台打造取得新提升。融媒体"中央厨房"的枢纽作用不断显现，初步构建了"5 报 4 云 5 端 7 网 11 刊"现代传播体系，全媒采编平台、新闻客户端、数据中心等重点项目取得进展。推动"今贵州"客户端与"当代贵州"客户端融合升级打造"天眼新闻"客户端，并获国家版权局原创版权证书。2019 年 3 月 1 日上线以来，"天眼新闻"客户端下载量超过 150 万人次，日活跃用户量达到 20 万人，计划推出的"天眼号"11 月上线后，天眼新闻月发稿量将突破 10 万条。"天眼新闻"微博、微信、抖音号等品牌矩阵迅速建成。同时，将"都市 E 家"新闻客户端提质升级为"都市新闻"客户端。2019 年 9 月 12 日，全国首个省级 5G 融媒体中心——贵州都市报·都市新闻 5G 融媒体中心在贵州日报当代融媒体集团正式启用。该中心由贵州都市报传媒有限责任公司与中国移动贵州大数据公司合作建设而成，是全国首个完全基于 5G 通信技术的全媒体技术和内容融媒体中心。启用后的融媒体中心将从融媒体调度指挥、无人新闻采集、数据新闻采集系统、全息影像等四个基于 5G 网络环境的媒体运用场景进行探索。同时，中心还将充分利用 5G 的全新特性，构建智慧化的融媒体指挥平台，通过

策划作品《车票》通过扫描实体纸质右下角的二维码，进入 H5"Follow me 穿越多彩贵州"页面任选一条线路开启穿越贵州之旅

移动性、专业化的 4K 高清视频采集设备，实现 5G 网络下的高性能真 4K 直播，实现敏捷的远程视频统一调度、管理、制作和分发，实现实时高清视频数据同步回传和云端剪辑。

第四，优质内容供给实现新突破。融媒体内容创作生产能力不断增强，融媒体产品生产数量、质量不断提高。策划新颖、呈现形式多样，如手绘作品《代表委员们，您乘坐的飞机即将出发》、系列策划《贵州人在北京》《车票》以及有声书签系列等作品，通过精心策划、精美呈现以及巧妙的线上线下互动，取得良好的传播效果；重要新闻实现首发，《要喝没有污染的茶，就到贵州来！》点击量 60 余万人次，《确认过眼神，大数据就是贵州要找的"人"！》点击量 30 余万人次，这类时政精彩语句以《天眼快报》的形式发出，因为抓得快、抓得稳，实现首发，成为爆款；重视报道的观点和温度，如微纪录片《曾经 4 个人只有 3 个碗的中国贫困山村，创

有声书签系列融媒体产品以"山间茶""山之路""山水间"3个1分钟短视频为小切口，讲述贵州人的生态文明故事

造了人间奇迹》等报道采访深入细致，传递给人们直抵人心的正能量；接地气，将热点问题与贵州发展紧密相连，如《杨瑞伦，凉山森林火灾中牺牲的贵州 90 后！家乡人民向你致敬！》等报道阅读量超过百万。在此基础上，贵州日报当代融媒体集团提出"五大行动计划"：一是实施"两步突破"行动计划。2019 年作为"天眼新闻"打造贵州省现象级新型主流媒体决战之年，2020 年作为"天眼新闻"打造贵州省现象级新型主流媒体决胜之年。2019 年重点在思想解放、技术更新、人才引进、机制创新等方面取得突破。2020 年重点在内容运营、平台拓展、经营提质等方面取得突破。通过两年砥砺奋进、创新发展，推动"天眼新闻"网端从全国主流新媒体平台中脱颖而出。二是实施"用户井喷"行动计划。每年投入 2000 万元用于用户推广活动，推动"天眼新闻"客户端下载量突破 1000 万人次，持续巩固扩大"贵州新闻第一端"优势。大力发展微博、微信、学习强国和今日头条等平台用户，推动集团新媒体总覆盖人数突破 2000 万人。三是实施"创意泉涌"行动计划。每年投入 100 万元资金设立融媒体报道"金手指"奖，奖励优秀作品和优秀融媒体产品创作团队，突出倡导创新运用 H5、长图、全景 VR、AI、动漫、沙画、动作捕捉等传播技术手段，采购一批专业生产团队的创意作品。四是实施"运营提质"行动计划。整合传统媒体、新媒体资源实行一体化运营、专业化服务。紧盯广告精准推送、信息流收入、流量分红等新媒体经营特点，深度改革新媒体经营思路，大力引入经营人才，强化经营队伍建设。将优质经营资源整合，完善法人治理结构，培育上市主体，加快打造资本运营平台。五是实施"覆盖全国"行动计划。逐步在全国建立 5—10 处

"天眼新闻"运营中心，全方位开展新闻采编、产品运营工作。

第五，新兴技术应用取得新进展。与浙江日报报业集团开展了深度合作，运用先进"天目云"融媒体采编系统实现集团旗下所有新闻信息生产单位人员、信息、图片、技术、设计资源互通，参与建设的44个县级融媒体中心全部建成并实现数据资源共享。天眼新闻APP迅速为全省9市（州）及贵安新区，88个县（市、区）以及部分经济开发区开通专属频道，为十多个省直重点行业开通专题专栏。移动直播、H5应用、无人机采集、虚拟现实等技术在采编制作环节得到较好应用，在重大宣传战役中起到了"尖兵"作用。

第六，文化产业发展实现新跨越。随着转型发展的供给侧结构性改革，深入推进融媒体集团扎实地做足存量，创新扩大增量，按照涉传媒、涉文化、涉科技、涉教育、涉旅游、涉资本的"六涉原则"，拓展了文化创意、图书出版、会展活动、品牌推广、旅游服务等新业务，创新媒体运行机制，优化产品结构布局。2019年1—10月，贵州日报当代融媒体集团净利润同比增长43.39%，国有资产保值增值率109.79%。

## 二、立足前沿，高标准扎实推进重点工作

贵州日报当代融媒体集团是全国第一个以"融媒体"命名的传媒集团。着眼媒体融合前沿，抓具体、抓深入，优化媒体职能配置，大胆解放新闻生产力，推动党报党刊"1+1>2"，努力推动贵州日报当代融媒体集团进入全国传媒集团第一阵营。

## （一）精心谋划，系统调研论证

贵州省委常委、省委宣传部部长带队，组织宣传思想文化系统相关单位主要负责人，就推动媒体融合发展的重点、难点问题到上海、浙江、广东、重庆等地广泛开展实地考察，为组建工作奠定了坚实的改革基础。贵州省委宣传部深入论证有关机构设置和职责调整，多次与中央和省直有关部门沟通、对接，积极争取政策支持和业务指导，精心拟订并印发实施方案。多次组织召开部务会议和领导小组会议研究审议组建方案。修改完善后的组建方案充分体现立足前沿、紧贴实际、统筹推进三个特点，充分体现媒体融合发展要求。为实现组建战略目标，贵州日报当代融媒体集团实施了"大党建、大融合、大产业"三大战略工程，制定了《推动媒体融合发展实施方案》《优质原创内容泉涌计划》，重点围绕全面推动内容生产体系、互动服务政务体系、运营保障体系"三大体系"建设，切实做好"移动优先、全员转型、平台支撑、内容生产、开放开发、技术引领"6篇文章。

## （二）及时动员，有力协同推进

贵州省委印发实施方案后，贵州省委宣传部及时召开动员大会，明确落实"134"总体要求。即，实现打造"西部领先、全国一流"的新型主流媒体集团这一个目标，把握好坚持党管媒体、坚持稳中求进、坚持彻底融合这"三个坚持"，全力以赴做好加强党的建设、一体化运行、分类整合机构、现代企业管理这四个重要任务。原贵州日报报业集团、原当代贵州期刊传媒集团提出把2019年作为集团"媒体融合发展决战年"，把2020年作为集团"媒体融合发展决胜年"，在原两大集团媒体融合发展良好态势的基础上，强强联合、融合创新，快马加鞭、砥砺前行，进一步大力实施移动优先发展策略，深度融入国家大数据综合试验区建设，加快全程媒体、全息媒体、全员媒体、全效媒体建设，努力提升传播力、引导力、影响力、公信力，更好地担负起"举旗帜、聚民心、育新人、兴文化、展形象"的使命任务，更好地讲好贵州新故事、传播贵州好声音。组建过程中，强化统筹协调，争取贵州省直有关部门支持，积极向中编办、国家新闻出版署汇报做好机构合并、名称变更、编制审定、版权注册等工作。及时制定相关配套文件，指导制定并审议通过《关于申请对贵州日报报刊社给予财政补贴的请示》《关于落实经营性文化事业单位转制为企业相关政策的请示》《关于申请核定贵州日报报刊社编制机构的报告》等8个重点文件，筑牢贵州日报报刊社（贵州日报当代融媒体集团）制度化运行基石。

**（三）挂图作战，狠抓具体落实**

严格对照贵州省委提出的时间表、把握节奏、盯住节点，倒排工期、挂图作战，集中力量、严格程序做好编制核定、"三定"方案、清产核资、机构设置、工商注册、人员优化等系列工作，确保政策合理、程序合法、操作合规。特别是积极引导广大干部职工正确认识机构改革，以实际行动拥护改革、支持改革、参与改革，确保思想不乱、工作不断、队伍不散、干劲不减。严明改革政治纪律、组织纪律、干部人事纪律、保密纪律等各项纪律。

**（四）常态督导，聚焦重点环节**

把督促检查贯穿组建工作的全过程，实现每周一督导、重点环节具体把关，特别是对报刊社内设机构编制制定和采编运行机制，进行充分指导，确保组建工作按照中央精神和贵州省委、省政府要求进行不变通、不走样，实现有力有序有成效。

## 三、放大效能，融媒体集团组建形成诸多经验

组建融媒体集团是一项系统工程，必须以系统思维科学推进改革，更加注重优化、协同、高效，全力做好重点任务。组建融媒体集团，是根据中央和贵州省委关于地方党政机构改革意见，结合贵州媒体格局和党报党刊集团实际制定的，它的最大特点就是"融"，无论是体制机制、政策措施，还是流程管理、人才技术等，都形成了一些经验。

### （一）顶层设计要牢牢扭住目标导向

组建工作启动时，贵州就提出，努力把贵州日报报刊社和贵州日报当代融媒体集团建设成为形式多样、手段先进、竞争力强，具有强大传播力、引导力、影响力、公信力的报刊社和新型主流媒体集团。要抓紧组建工作，科学统筹报纸与期刊、传统媒体与新兴媒体、主流媒体和都市类媒体、内宣与外宣，既要在充分发挥好党报党刊作用的基础上，打造区域乃至全国范围内有较大影响的现象级新媒体，也要深度整合经营性资产，推进多元化发展，延长传媒产业链，做大做强综合文化实体。总体上，希望经过3—5年的改革创新和不懈努力，推动贵州日报当代融媒体集团进入全国传媒集团第一阵营，走在各省（自治区、直辖市）前列，打造"西部领先、全国一流"的新型主流媒体集团。

### （二）组建过程要始终贯穿"三个坚持"

坚持党管媒体，把党的领导贯穿组建工作的各方面和全过程，

发挥好党总揽全局、协调各方的领导核心作用，不断提高把方向、谋大局、定政策、促改革的能力和定力。坚持稳中求进，这是推动组建工作有力有序的重要方法论。此次改革是一场系统性、整体性、重构性的改革，涉及面广、关注度高、政策性强，必须坚持稳扎稳打、持续递进，确保改革预期成果落地见效。坚持彻底融合，从根本上进行组织机构重组、人员资产整合、思想文化融合。其中，思想文化融合是根本，要特别注重以文化凝聚价值、激发力量。这"三个坚持"，是组建工作沿着正确方向推进的重要保证，是改革行稳致远、取得成效的根本所在，必须精准把握。

**（三）要紧扣加强党的建设这个重中之重**

党建工作是国有企业的独特优势，这次改革，要充分用好巡视整改落实成果，确保党的领导加强不削弱、党的建设加强不削弱。要明确党委在企业法人治理结构中的法定地位，将党建工作总体要求纳入企业章程，明确党委在企业决策、执行、监督各环节的权责和工作方式。要坚持和完善双向进入、交叉任职的领导体制，确保党委领导班子成员在集团董事会中的比例。要配备专职党务人员，设置专门党务机构，建强基层党组织，为集团做强做优做大提供坚强组织保障，真正使党建工作成为改革发展的"红色引擎"。

**（四）要扭住一体化运行这个落点**

这次组建，不是简单地改名字、换牌子，关键要建立以内容生产和传播为核心的一体化运行机制，建出新面貌、建出新动能、建出新效率。近年来，贵州日报倾力打造贵融智创平台，当代贵州着力推进融媒体"中央厨房"和融媒体创意产业园建设，融合新闻生产能力、融合传播技术应用均取得了较大提高。要坚持这些好的经验做法，推动深度融合一步到位，大胆解放新闻生产力，实现"1+1>2"的效果。要以融媒体指挥中心、采访中心、编辑中心、技术中心建设为抓手，推动内容生产从传统线性模式向融媒体全终端生产模式转变，实现重大主题、重要活动报道指挥调度和采编发联动。要带头落实推进好"6个100%"，继续坚持报刊网端并重、先网端后报刊，按照新的业务流程调整机构设置、人员设置，加快整合两个集团的力量，激发人员创造力。

**（五）要抓住分类整合机构这个关键**

要以组建为契机，对媒体种类、布局、结构逐渐进行优化调整，该加强的要加强，该精简的要精简，该增设的要增设。对综合管理部门，要按照"精干高效"和"尊重历史、以人为本"的原则实行"二合一"重组。对发行、经营以及事业部等业务部门，要按照"管理型、专业化"的思路，能合的则合，实现做精做专、做强做大。要着力打造现象级新媒体，迅速扩宽平台覆盖，大力优化传播内容，深度重构运营模式。对各子报子刊，要适应分众化、差异化要求，实现错位发展、百花齐放。要加强战略规划、科学布局设计，为目标读者群提供优质的精神食粮。对子公司，要坚持分类调整，支持有资质且经营状况良好的子公司加快发展；对资质资源不足、效益不佳、后劲不足的子公司要"合并同类项"，淘汰落后产能。需要指出的是，做这项工作不能简单理解为"甩包袱"，要用心把资产处置好、把人员安置好。

**（六）要突出现代企业管理这个保障**

科学高效的管理运行机制，是企业不断壮大、持续发展的基石。要对标对表中央部门下发的《国有文化企业进一步健全法人治理结构的若干规定》《关于加快推进国有文化企业公司制股份制改革有关工作的通知》，完善法人治理结构、健全考核激励机制、推进资产重组、强化资产管理，形成符合现代企业制度要求、把社会效益放在首位、双效统一的管理架构和运行模式。要实行扁平化管理，推行内部管理结构改革，精炼管理层级，提升管理效率，设立的子公司原则上不超过二级。要探索建立"双通道"晋升制度，建立一整套符合互联网传播规律的内容综合评价体系、职务晋升制度和绩效考核分配办法，让干部职工在共同的业务平台和职务空间内施展才干。

## 四、务实深入，持续做好"后半篇文章"

贵州省组建报刊社和融媒体集团，只是"万里长征的第一步"。要继续坚持标准不降、力度不减，扎实做好狠抓后续各项工作，努力推动报刊社（融媒体集团）把政策优势、改革优势、资源优势转变为领跑优势，加快成为全国省级媒体融合发展的标杆和示范。一是支持报刊社（融媒体集团）夯实一体化基础，在加快创造运行机制新优势上走在前列。深入指导推动报刊社（融媒体集团）做好内设机构重塑、重构、优化及人员配备工作，发挥"1+3"中心统领优势，夯实三大运行机制，努力推动报刊社（融媒体集团）大发展、大提升、大增效。二是支持报刊社（融媒体集团）传播平台建设及技术创新，在打造现象级新媒体上走在前列。加快实施"新媒体用户井喷计划"，在机制建设、队伍建设、经费保障、推广宣传等方面对报刊社（融媒体集团）打造省级现象级新型主流媒体给予重点支持，争取年底取得重大突破，社属终端载体、用户规模大幅拓展，新技术新产品新业务研发和应用能力大幅提升。三是支持报刊社（融媒体集团）人才队伍建设，在锤炼"四力"打造全媒体采编队伍上走在前列。2019 年是贵州脱贫攻坚决战之年。集团班子成员带头践行"四力"，全力推进脱贫攻坚宣传报道在全省贫困县、乡、村的全覆盖。采编部室负责人、业务骨干分别联系贫困县。将蹲点采访调研践行"四力"覆盖到全省 66 个贫困县、20 个极贫乡镇、2760 个深度贫困村以及 19 个有脱贫攻坚任务的非贫困县，采访报道任务落实到具体责任人，实现主力军进入脱贫攻坚最前线全覆盖。2019 年 7 月 15 日，集团新招聘的 66 名驻县记者在经过为期三周的培训后，分赴全省 66 个贫困县（含已脱贫出列），开展为期两年的驻县工作，把镜头和笔触对准基层一线脱贫攻坚的火热实践，将驻地宣传作为第一要务，扎根基层，深入一线，讲述脱贫攻坚好故事，一大批优质稿件"泉涌而出"，推动"天眼新闻"客户端用户和日活跃用户数均出现了"井喷式"增长。2019 年 9 月 1 日起，贵州日报当代融媒体集团的绩效考核不再围绕纸媒开展，一切考核从端网发起。移动互联网平台点击量不足 12500 万人次的稿件，原则上不得在纸媒端发布。充分运用考核"指挥棒"，记者采写稿件只考核网端传播力，报刊发稿不再发稿费，报刊质量考核编辑水平，开创了党报党刊采编人员薪酬考核发放体系改革的先河。这些都是非常好的探索和实践，接下来，要探索建立"双通道"晋升制度，建立一整套符合互联网传播规律的内容综合评价体系、职务晋升制度和绩效考核分配办法。支持做好"天眼大学"建设，在重点主题采访实践及蹲点调研中锻炼"四力"，打造队伍建设升级版。

# 第四章

# 贵州省 88 个县级融媒体中心全面建成运行实现全覆盖

## ——贵州推动媒体融合向纵深发展系列调研报告之四

　　近年来，中央坚持把推动媒体融合发展、建设全媒体作为巩固全党全国人民团结奋斗的共同思想基础，为实现"两个一百年"奋斗目标、实现中华民族伟大复兴的中国梦提供强大精神力量和舆论支持的重大任务来抓。习近平总书记多次就推动媒体融合发展作出重要指示、提出明确要求。2016 年 2 月在党的新闻舆论工作座谈会上强调，要推动融合发展，主动借助新媒体传播优势。2017 年 10 月在党的十九大上强调，要高度重视传播手段建设和创新。2018 年 4 月在全国网络安全和信息化工作会议上强调，要发挥传统媒体和新兴媒体优势，实现优化整合、深度融合，打造一批新型主流媒体。2018 年 8 月，习近平总书记在全国宣传思想工作会议上发表重要讲话，指出"要扎实抓好县级融媒体中心建设，更好引导群众、服务群众"，从国家战略层面提出了县级融媒体中心建设的发展方向。

按照中宣部的统一安排部署，2018 年 10 月 19 日，贵州省召开全省县级媒体融合发展大会，全面启动县级融媒体中心建设工作。贵州省委高度重视，省委主要领导专门作出批示，强调全省各级党委政府要高度重视，把县级融媒体中心建设作为落实党的意识形态工作责任制的重要内容，从政策保障、项目安排、资金投入等方面提供重点保障。省委常委、省委宣传部部长具体安排部署，多次深入基层实地调研并召开推进工作会议，采取定时间表、定路线图、定工作量、定责任人的"四定"措施，超常规推进建设场地、机构改革、人员培训、经费保障"四个落实"，加力推进县级融媒体中心建设。现将贵州省县级融媒体中心建设总体情况、取得的成效、采取的主要做法、下步工作重点等形成如下调研报告。

# 一、总体建设进入"全国第一方阵"

## （一）加强顶层设计，全面安排部署

为贯彻落实中央安排部署，2018 年 5 月，贵州下发相关文件，提出以打造新型主流媒体为抓手，加快媒体转型发展。2018 年 6 月，贵州省委常委会专门研究并强调在更高层面、更深层次推动省级媒体深度融合转型发展，着力打造形态多样、手段先进、竞争力强的新型主流媒体。2019 年 4 月，贵州省委全面深化改革委员会审议通过加强县级融媒体中心建设的相关意见。2018 年 6 月和 10 月，贵州召开了全省媒体融合发展推进会议和全省县级媒体融合发展大会，对推动全省媒体深度融合发展作出全面安排部署。

### （二）加力全面推进，实现全覆盖

2019 年 3 月底，贵州省 88 个县（市、区）融媒体中心全部建成挂牌（另有 8 个经开区融媒体中心同步建成），经过两个月的调试完善，于 5 月底全面检查验收合格并投入实际运行，用 8 个月的时间实现了全省县级融媒体中心建设全覆盖，进入"全国第一方阵"。部分省（自治区、直辖市）先后到贵州学习考察媒体融合发展工作。贵州县级融媒体中心建设成效在 2019 数字中国建设峰会、2019 深圳文博会、2019 贵阳数博会上受到与会者关注。

## 二、顺应趋势发挥优势　取得"六大成效"

### （一）"6 个 100%"基本实现

为倒逼县级融媒体中心建设，贵州从一开始就提出了"6 个 100%"建设目标，现均基本实现。一是全省 88 个县（市、区）融媒体中心全面建成运行，建成率达 100%；二是各县（市、区）融媒体中心均建立了全媒体内容管理系统，具备集中指挥、采编调度、高效协调、信息沟通等基本功能，"中央厨房"建设率 100%；三是县域新闻已基本在客户端、平台号等新媒体平台上实现首发，县级融媒体中心移动端首发率 100%；四是各县（市、区）原有报、刊、台、网等机构均已完成整合，县级融媒体中心采访力量迁入融媒体中心率 100%；五是省、市（州）、县三级多次组织专题培训班，采编人员全媒体采编技能大幅提升，除部分年龄偏大人员外，县级融媒体中心复合型、全媒体新闻采编人员占比接近 100%；六是县级融媒体中心全部整体接入"多彩云"，实现新闻资源共建共享率 100%。

## （二）全媒体矩阵基本建成

县级融媒体中心逐步将政府部门、乡镇（街道）所办政务信息网站和"两微一端"等进行整合，实行统一办公、统一管理、统一运营。全省 88 个县（市、区）融媒体中心已全部建立新媒体矩阵，其中建成微信、微博、网站、客户端、头条号、抖音号等 6 个以上新媒体传播平台的县级融媒体中心达 60% 以上，初步形成分众传播、分类覆盖的格局。桐梓县融媒体中心建成电视、广播、网站、客户端、微信、微博、平台号"七位一体"融合传播平台，形成以"娄山关"为品牌的移动传播矩阵；观山湖区融媒体中心建成微信公众号、APP、今日头条、新浪微博、腾讯企鹅号、澎湃问政、抖音号等"九位一体"的融合传播矩阵；仁怀市融媒体中心建成电视、广播和今日头条号等组成的"6+N"传播矩阵，实现传播效果最大化，最广泛地引导群众、服务群众。

## （三）受众覆盖极大拓宽

集中力量打造县级融媒体中心客户端等平台载体，着力提高下载量、日活率，县域内受众覆盖面大幅增加。截至 2019 年 7 月，红花岗区融媒体中心"今日红花岗"APP 累计下载量达 88 万多人次，为该区总人口 65 万人的 135%；桐梓县融媒体中心移动传播矩阵用户覆盖 40 万人，阅读量达 5063 万人次，"娄山关"微信公众号进入全国区县级台微信公众号百强并稳居前 50 名；盘州市融媒体中心微信公众号"盘州发布"粉丝 12 万人，平均每月增粉 1300 多人，在全国县级电视台微信百强榜中，4 月份排名第 17 位；荔波县融媒体中心平台覆盖人数 11 万人，占该县总人口 18 万人的

61%；台江县融媒体中心平台覆盖人数 9 万人，占该县总人口 16.9 万人的 53%。

### （四）传播能力有效提升

各县（市、区）融媒体中心建成以来，牢牢坚持正确舆论导向，推出了一大批群众喜闻乐见的新媒体作品，传播力、引导力、影响力、公信力进一步提升。2019 年全国"两会"期间，多彩贵州网邀请代表委员通过设在北京的融媒体演播厅，连线万山区、惠水县融媒体中心记者进行现场访谈、实现无缝对接。新华社支持建设的石阡县融媒体中心，通过央视新闻移动网推出《贵州石阡：甘溪乡干群同唱"我和我的祖国"》快闪点击量达 60 万以上人次。全国"两会"后，贵州省在北京马连道茶城开展的茶宣传活动中，现场通过湄潭县融媒体中心 5G 连线该县茶园。2019 年"五一"国

红花岗区融媒体中心《一个人的升旗礼》被 5000 余家网站转载

际劳动节期间，荔波县融媒体中心抖音号"抖"出了 2.4 亿人次的播放量，50 万人前往荔波打卡，把数据流变成了人气流和经济流。红花岗区融媒体中心《一个人的升旗礼》被 5000 余家网站转载，累计点击量超过 2000 万人次。盘州市融媒体中心抖音号"盘州全媒"推出《全面整治农村乱办、滥办酒席不良社会风气，让盘州农村大地景美人富》小视频，推出当天，点击量就高达 560 多万人次。在 2019 数博会期间，观山湖区融媒体中心自采自制的新闻作品传播阅读量累计超过 5000 万人次。

**（五）功能建设不断完善**

各县（市、区）融媒体中心着力健全主流舆论阵地、综合服务平台、社区信息枢纽三大功能，亮点频出。石阡县融媒体中心2019 年 5 月荣获新华社"现场云优秀融合奖"，2019 年年底，新华社将在石阡县召开"现场云与脱贫攻坚宣传报道论坛暨全国中西部地区县级融媒体中心建设现场会"；桐梓县融媒体中心已开通 39项便民服务，可申请办理 147 项行政业务，让"数据多跑路、群众少跑腿"，积极打造"媒体＋政务""媒体＋服务""媒体＋电商"等信息服务综合体；福泉市融媒体中心客户端提供网上缴纳水电煤气费、买房租房、交通违章处理、维修服务、顺风车等 33 项便民服务；赤水市融媒体中心广泛开展网上网下文明实践活动，开通"一号服务热线"，解决群众关心关注的热点难点问题。

**（六）技术平台支撑有力**

县级融媒体中心统一接入省级技术平台、全国省级层面首个覆盖整个宣传文化系统的云平台——"多彩贵州宣传文化云"（简称"多彩云"），在技术数据指标、生产流程架构、信息分发渠道、数据采集分析等方面，建立统一的数据资源结构，实现各平台间以及报、刊、台、网、端上的内容资源"无障碍"流动传播。平台支撑主要有"四大功能"：一是融汇数据打造"聚合器"。有效整合报、刊、台、网等媒介资源，接入网信、文化、文产等业务版块数据。截至 2019 年 10 月 30 日，宣传文化单位和县级融媒体中心接入汇聚数据 195.7 万条。二是链接平台打造"连通器"。一期建成工作协同平台、数据开放平台，统一 API 网关，联通联动省、市（州）、县三级平台，推动内容资源跨区域传播。三是应用场景打造"推进器"。接入的各平台统一架构、统一资源、统筹利用，实现新闻推送一体化、内容管控一体化、舆情跟踪处置一体化。四是技术支撑打造"服务器"。为县级融媒体中心提供线索汇聚、图形图像视频

"多彩云"四大功能实现内容资源"无障碍"流动传播

编辑审核、内容生产监控与互联网传播分析等应用技术服务，打造全省宣传文化系统信息枢纽。

## 三、以超常规举措推进县级媒体转型升级

### （一）强统筹，"四定"措施压实责任

加强省级层面统筹，夯实制度保障，以贵州省委办公厅、省政府办公厅名义出台相关文件，制定了《县级融媒体中心建设重点支持县工作方案》《贵州省县级融媒体中心建设指导手册》等系列政策文件，明确指导思想、目标任务及方法路径。召开全省县级媒体融合发展大会，明确县级融媒体中心建设为县委书记"一号工程"，明确省3家主要新闻单位分片区支持县级融媒体中心建设，有力破解了系统工程点多面广与建设单位力量不足的矛盾。省、市（州）、县三级党委宣传部和省3家主要新闻单位采取定时间表、定路线图、定工作量、定责任人的"四定"措施，对场地装修、设备采购、机构改革等逐一列出清单，紧盯时间节点，倒排工期，完成一项销号一项，层层压实责任，确保了在2019年3月底前88个县级融媒体中心全面保质保量建成挂牌。

### （二）强指导，"四个一"机制倒逼提速

贵州省委宣传部建立"四个一"固定工作机制，坚持问题导向，变压力为动力，倒逼各地提速赶超。即一个联席会议机制，省委宣传部牵头建立省级联席会议机制，出台《贵州省县级融媒体中心建设联席会议制度》，统筹组织、人事、编办、网信、广电、财政等部门和各市（州）党委宣传部、省主要新闻媒体，抓总体部

01 一个联席会议机制
02 一个月召开一次省级调度会
03 一个月开展一次实地调研指导
04 一周出一期工作简报

贵州县级融媒体中心建设以"四个一"固定工作机制实现自我加压，各地变压力为动力

署、政策扶持、项目实施、检查督导等重要事项；一个月召开一次省级调度会，通报进度、研究解决存在的问题、部署阶段性工作；一个月开展一次实地调研指导，抽调有关人员组成工作组，重点调研指导各县（市、区）的工作进度、建设成效等；一周出一期工作简报，交流各地经验做法，指出存在的问题，提出下步工作要点，督促各地各责任部门把工作任务抓紧抓细抓实抓好。

（三）强督促，"四个落实"夯实基础

各县（市、区）党委宣传部主要抓好"四个落实"。一是场地落实，场地安排要求不贪大求全，根据各县实际情况，实行一县一策，满足"中央厨房"建设需要即可。二是人员落实，县委书记负总责，县委宣传部部长为第一责任人，将县级融媒体中心建设作为重要政治任务来抓。三是机构改革落实，将县级融媒体中心建设与县（市、区）机构改革同步安排、同步推进，要求 2019 年 3 月底前基本完成媒体机构整合工作，并要求由县委宣传部副部长兼任融媒体中心主任。机构改革后各县（市、区）融媒体中心编制人数平均在 40 人左右，同时通过购买服务等形式补充一定人员力量。四是资金落实，贵州省委宣传部划拨 2000 万元资金补助各县（市、区）融媒体中心建设。中央财政补助贵州省县级融媒体中心建设专项资金 3700 万元。

**（四）强示范，"四级联动"整体推进**

着力将中宣部重点联系推动县桐梓县和盘州市打造成示范样板，同时明确贵州省委宣传部重点联系推动 9 个县的融媒体中心建设，各市（州）打造 1—2 个融媒体中心建设样板，充分发挥示范引领作用。通过中宣部重点联系推动县示范带动和省、市（州）、县三级联动，形成四级共进、整体推进的态势。2019 年 1 月 20 日，在桐梓县召开了全省县级融媒体中心建设现场推进会，现场观摩融媒体中心建设情况，现场体验指挥调度、移动端系列产品，围绕视频报题会、直播连线等进行互动交流，大家通过"看"进一步提高了思想认识，通过"想"进一步明确了工作思路，通过"干"切实抓好了工作落实。会后，各市（州）分别组织召开了两次以上现场观摩会或现场推进会，营造"比学赶超"浓厚氛围，大大加快了全省县级融媒体中心建设的步伐。

**（五）强验收，"四个环节"严把关口**

一是制定标准，结合实际制定全省县级融媒体中心检查验收 18 项细化评估指标。二是组建专班，省和市（州）党委宣传部共组建 11 个验收组，由分管副部长带队，从宣传网信部门和省主要新闻单位抽调骨干（技术）人员组成，分片开展验收工作。三是实地检查，2019 年 4 月 25 日至 5 月 31 日，验收组利用一个多月的时间，逐一对照指标开展实地检查验收。四是全面评估，根据实地检查和各验收组提交的报告，通过全面评估，全省 88 个县级融媒体中心建设满足基本要件和具体量化指标，全面投入运行。

**（六）强培训，"四种渠道"锤炼基本功**

一是专班蹲点培训。坚持建设与培训同步、建设与管理同步。从启动建设开始，贵州日报当代融媒体集团、贵州广播电视台、多彩贵州网 3 家省主要新闻单位分别派出技术专班 30 个 110 人次，到对应承建的县级融媒体中心开展蹲点式、菜单式现场教学培训。二是集中专题培训。充分利用部校共建新闻学院阵地、贵州日报当代融媒体集团"天眼大学"、贵州广播电视台"动静学院"、多彩贵州网"众望全媒体大数据学院"等学习培训平台开展专题培训。自 2018 年 10 月以来，省级层面已连续组织县级融媒体中心采编骨干培训班、短视频专题培训班、县级融媒体中心主任初任培训班等 6 期专题培训班，主要邀请国内专家学者围绕县级融媒体中心主题报道、打造爆款产品、提升用户覆盖、优化政务发布、提供便民服务、系统应用及安全等进行现场授课和研讨交流。与此同时，全省 9 个市（州）分别组织举办 2 期以上专题培训班，对县级融媒体中心采编人员进行集中培训。三是跟班定期培训。组织县级融媒体中心采编人员，分批到对应承建的 3 家省主要新闻单位进行为期 7 天或 15 天的短期跟班轮训，省主要新闻单位分别安排专人进行一对一指导辅导，累计轮训 900 余人次。2019 年 9 月起，县级融媒体中心遴选部分采编骨干到省主要新闻单位开展为期 3 个月的跟班学习。此外，石阡县融媒体中心先后派出 7 名采编骨干到新华社跟班学习培训。2019年10月，桐梓、盘州融媒体中心专门派出骨干记者到人民日报社开展为期两个月的跟班学习。四是视频远程培训。开设"多彩贵州传媒大讲堂"，先后邀请国内知名专家学者28人，就媒体融合、新闻传播、广播电视编导等重点领域内容进行现场授课。在近期开展的大讲堂活动中，将现场培训通过视频连线延伸到县级融媒体中心，除主会场参加学习培训人员外，通过网络视频远程教学，同步覆盖到县级融媒体中心采编人员。

## 四、深入打通联系服务群众"最后一公里"

强化县级融媒体中心建设，打通联系服务群众"最后一公里"，需要扎实抓好县级融媒体中心建设运行管理等后续各项工作，确保县级融媒体中心功能完善，安全高效有序运转。

### （一）切实加强改进县级融媒体中心功能建设和运行机制

贵州省委宣传部建立省级联席会议制度，及时召开会议，研究和解决县级融媒体中心建设中存在的问题。各市（州）、县（市、区）党委宣传部牵头，会同有关部门召开联席会议，围绕县级融媒体中心"三大功能"要求，对"媒体＋政务""媒体＋服务""媒体＋电商""媒体＋旅游"等落地问题进行深入研究，尽快将数据、信息、服务等向县级融媒体中心汇聚。指导督促县级融媒体中心进一步建立健全采编播发流程、内部管理制度和运行机制。

### （二）全面启动县级融媒体中心的实地技术指导和现场教学

教学培训工作从"以建为主"转向"以用为主"，从"集中培训为主"转向"现场指导教学为主"。贵州日报当代融媒体集团、贵州广播电视台、多彩贵州网 3 家省主要新闻单位派出技术专班，对每个县开展每周 1 次的现场指导教学，重点解决应用系统使用问题和全媒体人员培训问题。

**（三）进一步抓好多彩贵州宣传文化云平台建设运行完善**

贵州省委网信办牵头，组织多彩贵州网与贵州日报当代融媒体集团、贵州广播电视台集中会商，以问题为导向，确保县级融媒体中心全面接入省级技术平台"多彩贵州宣传文化云"，确保运转正常，数据传输顺畅，新闻资源共建共享。

**（四）切实推动县级融媒体中心建设检查验收问题整改工作**

各市（州）、县（市、区）党委宣传部对照省委宣传部检查验收清单和整改要求，督促迅速整改落实到位。各市（州）党委宣传部和省 3 家主要新闻单位，每月底向省委宣传部上报一次工作推进情况，省委宣传部对各地整改落实情况和工作推进情况适时通报适时组织开展一次县级融媒体中心建设运行情况"回头看"工作。

# 第五章

# 贵阳市构建省、市（州）、县三级
# 融媒体中心协作体系

## ——贵州推动媒体融合向纵深发展系列调研报告之五

贵州在全力推动"多彩云"建设、省级媒体转型升级、县级融媒体中心建设等工作的同时，坚持合力抓整体提升，推进市（州）融媒体中心建设，做大全省融媒体增量。一方面，按照"抓两头带中间"的工作思路，统一平台强硬度，以"多彩云"建设为抓手，倒逼市（州）媒体深度融合整体转型。另一方面，统一标准强深度，对市（州）融媒体中心建设提标杆、定标尺。近期，调研组多次赴贵阳市就市级媒体融合发展进行调研时发现，市（州）媒体融合发展前景广阔，大有可为。

### 一、贵阳市主要媒体融合发展起步早基础实

2018 年 12 月以前，贵阳市新闻单位共 2 家，即贵阳日报传媒集团、贵阳广播电视台。媒体含《贵阳日报》、《贵阳晚报》、贵阳

网、贵阳电视台和贵阳综合广播及其新媒体平台。贵阳日报传媒集团和贵阳广播电视台均为自收自支正县级事业单位，由贵阳市委主管，市委宣传部代管。这两家媒体的融合发展起步早、措施有力、效果较好。

**（一）贵阳日报传媒集团以"中央厨房"为牵引推进融合发展**

贵阳日报传媒集团源于1980年创刊的贵阳市委机关报《贵阳晚报》；2000年创刊《贵阳日报》，《贵阳晚报》转为市场类媒体；2008年经市委批准同意，组建贵阳日报传媒集团；2010年按照中央文化体制改革的要求组建贵阳日报传媒集团经营有限公司，完成非时政类报刊转企改制。集团目前的媒体格局为"五报三刊两网三端"，即《贵阳日报》、《贵阳晚报》、《健康之友》报、《新世纪体育报》、《旅游休闲报》，《花溪》杂志、《商品评介》杂志、《博鳌观察》杂志，贵阳网、中国大数据产业观察网，以及贵阳日报APP、贵阳头条APP、ZAKER贵阳APP。2015年被国家新闻出版广电总局列为全省唯一的"第二批全国百家数字化转型示范单位"。2018年被中国报业协会评为"中国报业融合发展创新单位"。集团总人数约459人，其中新闻采编专业技术人员和管理人员346人，约占75%，员工的平均年龄39岁，是一支年轻有活力的队伍。集团具备专业技术职称的有244人，副高以上职称的有42人。编制内130人，平均年龄48岁。聘用制职工327人，平均年龄36岁。近三年来，集团整体年营收约3亿元以上，资产总额15.07亿元。

近年来，贵阳日报传媒集团认真贯彻中央关于推进传统媒体与新兴媒体融合发展的战略部署，以全渠道传播为理念，以"中央厨房"为牵引，推动集团媒体融合工作迈出坚实步伐。

在体制机制上，2013年4月组建贵州首家新媒体运营中心，在全省率先推动媒体融合机制突破。短短5年业务规模扩大10倍，成为全国也不多见的能够靠滚动发展支撑的传统媒体单位中的新媒体运营体系。2013年9月设立"媒体融合采编指挥平台"，成为全国最早引进"中央厨房"的媒体单位之一，以"跨平台、全渠道、全媒体"为理念，推动集团各媒体传播理念、机制、流程、形式的全方位再造。一是理念再造。提出并完成了"数据融媒"融合传播技术支撑平台项目规划，并启动了相关建设工作，2015年该项目入选国家新闻出版广电总局重点项目库，并被贵州省"十三五"文化产业发展规划、贵阳第十次党代会、贵阳市文化发展大会列为重点支持的项目。二是技术再造。2013年以来，集团先后投资近5500万元完成了"数据融媒"融合传播技术平台"媒资库"、网络视频基础播控系统、贵阳网采编发布系统等技术模块的建设，初步建立了在贵州省新闻单位中较具实力的技术研发队伍。三是机制再造。适应媒体融合发展需要，对新闻采编实行事业部（事业群）运行机制，整合内容编采与融合传播，加速构建以"中央厨房"为核心的业务流程模式。四是产品再造。通过积极引进图解、动画、H5、微电影、微视频、VR、直播、表情包等内容形式，推动新闻产品形式创新。2013年10月推出的全国最早的主流新闻动画传播品牌之一——"针象百科"，打造了迄今全省唯一的动画新闻专业团队，三年累计生产动画新闻产品60余部；2017年推出的数博会和贯彻"十九大"精神主题宣传的MV爆红网络，播放量超过500万人次；全年推出网络直播超过200场。目前，贵阳日报传媒集团逐步具备网络视频、动画、H5、VR等业务能力，是贵州省网络内

贵阳市融媒体中心在 2019 年市"两会"上先行先试，首次实现了 5G 新媒体直播

容形态最丰富的媒体之一。

在矩阵建设上，初步建成"网端微群"融合传播体系，媒体融合传播影响力走在全省前列。一是新闻网站建设。作为贵州省最早的国家一类新闻资质网站，贵阳网日均页面浏览量超过 120 万人次，是贵州省浏览量最大的新闻网站之一，2017 年 9 月，在中央网信办发布的城市网站传播力排行榜中，贵阳网在全国 272 个城市新闻网站中综合传播影响力排第 11 名。2014 年创建的全国首个大数据资讯网站"中国大数据产业观察"，不到两年实现传播影响力在大数据行业网站中全国领先，2018 年还登陆纽约时代广场，向世界展示中国数谷的声音。二是手机客户端建设。2013 年、

2014 年在贵州省内率先推出本土新闻客户端"贵阳日报""贵阳头条"，截至 2018 年年底，两个手机客户端累计下载量已超过 15 万人次；2016 年通过与全国性商业 APP 合作推出 ZAKER 贵阳，两年装机量超过 500 万人次（活跃用户 50 万人），增长 10 倍。三是微媒体矩阵建设。集团旗下《贵阳日报》、《贵阳晚报》、集团新媒体中心三大系列的微媒体总数达到 80 个以上，入驻平台包括微博、微信、今日头条、抖音等 10 余个。除了打造《贵阳日报》、《贵阳晚报》、贵阳网等主流媒体官微账号之外，还成功打造了"黔学帮""黔中书"等本土垂直领域微媒体品牌。四是社群运营。运营微信群 500 余个，受众覆盖逾 20 万人。目前，集团媒体移动互联网覆盖人数超过 800 万人，以明显优势保持全省领先。2014—2018 年，"数据观""黔中书"等集团旗下项目先后被中国报业协会授予"首届中国报业短视频微电影大赛一等奖""中国报业新媒体项目创新奖""媒体融合创新项目一等奖""中国改革开放 40 周年融合传播经典案例特等奖"。2018 年 8 月，集团媒体融合发展的经验案例《打造智慧升级版的传媒集团》在 2018 年全国传统媒体融合发展研讨会案例征集活动中被中国报业协会评为"十佳案例"。

**（二）贵阳广播电视台新闻信息服务矩阵初现成效**

贵阳广播电视台于 2010 年 11 月 23 日正式挂牌成立，台属贵阳广电传媒有限公司当日一并成立。贵阳广播电视台由原贵阳人民广播电台、贵阳电视台合并组建，实行企业化管理，公司按照现代企业制度自主经营。2013 年 7 月 17 日，贵阳网络广播电视台挂牌试播。

贵阳广播电视台的业务平台主要有四套广播专业频率和五

套电视专业频道。其中四套广播专业频率分别是新闻综合广播（FM88.9）、交通广播（FM102.7）、都市女性广播（FM104）、旅游生活广播（FM90.9），全天 24 小时不间断播出，日播音时间 96 小时，自办节目近 50 小时。五套电视专业频道分别是新闻综合频道（一套）、经济生活频道（二套）、法制频道（三套）、都市频道（四套）和旅游生活频道（五套）。日播出节目总量 216 小时，自办节目 18 个、15 小时。全台目前有在岗职工 500 多人。经营新闻外的内容及延伸产业，由贵阳广播电视台出资组建的贵阳广电传媒有限公司运作，是 100% 国资企业。公司设有总经办、广播广告中心、电视广告公司、技术部、业务部等 8 个部门，有员工 60 余人。在新媒体中心建设方面，内容生产主要依托传统媒体，业务运营主要由贵阳纵观新媒体科技有限公司负责。2015 年以来，新媒体中心在内容、渠道、平台、经营、管理等方面不断探索媒体融合业务发展，"圈贵阳"客户端已发展用户 40 多万户，传统广播电视与互联网集群融合的"两网两端"新闻信息服务矩阵初现成效，新媒体发展累计固定资产投资 700 多万元，拉动融合媒体运营产值 3000 多万元，移动端内容运营人员 30 多人。近年来，贵阳广播电视台多措并举推动融合发展。

一是厘清思路，更新观念。及时组织台属相关部门及负责人召开"传统媒体流程再造与提升影响力"座谈会，厘清思路，更新观念，提出了"融媒体产业"思路，依托融媒体来发展做强做大第三产业。

二是新媒体"圈贵阳"打造新闻矩阵。培育以移动互联技术为基础的产业链和金牌系列产品，最终建成"互联网＋广播电视＋

呼叫中心＋线下"的运营平台。

三是"知知贵阳"成为贵阳地区最具影响力和权威性的微信公众账号之一。2017年2月，贵阳广播电视台首个融媒体工作室"知知贵阳"正式成立，以"知知贵阳"政务微信公众号为基础，并在今日头条、腾讯企鹅号、新浪微博、天天快报、触电新闻、抖音等其他平台开设了"知知贵阳"子账号。每天推送两到三次，内容涵盖时政要闻、民生话题、独家报道、网络热点等，推文以图、文、视频、音频素材为主，注重全媒体覆盖。经过两年左右的运营，"知知贵阳"已成为贵阳地区最具影响力和权威性的微信公众账号之一。

四是先试先行探索管理机制。为探索多动端首发和新闻信息一体化管理配套的员工激励方法，从2018年10月1日起，"知知贵阳"率先开展先行先试工作。在"中央厨房"未建成之前和各项配套措施未建立之时，由"知知贵阳"项目组根据实际情况，自行制定人员工资和绩效考核管理办法。目前，取得一定成效，各频道频率记者的供稿数量增加了四倍以上，"知知贵阳"团队成为贵阳广播电视台融媒体建设的先锋队。

五是融媒体直播影响力增强。2018年12月1日，贵阳广播电视台利用新媒体"知知贵阳""圈贵阳"平台，联合电视、广播共同进行了贵阳市首次大型融媒体直播《你好！1号线》。在贵阳轨道交通1号线全线开通运营的当天，贵阳新闻综合频道、1027贵阳交通广播、"知知贵阳"微信公众号等六大平台同步直播。六路记者在不同的站点为全市人民直播现场盛况，通过网络实时收看直播的总人数超过12万人；同时，还有数十万贵阳市民通过电视、广播同步收看、收听了这场直播，取得了良好的社会效果和影响力以及传播力，也为融媒体直播探索出了经验。在 2019 年贵阳市"两会"上，大胆先行先试，在贵州省乃至全国，首次实现了 5G 新媒体直播，积累了经验，受到各界好评。

六是打造融媒体人才队伍。从 2017 年起，贵阳广播电视台要求采编人员尤其是一线记者，要全面向融媒体记者转型。现在不仅新媒体中心，各频率频道一线人员都基本具备了向广播电视和新媒体供稿的能力。

七是融媒体传播效果明显。近两年来，贵阳广播电视台采制的各类宣传贵阳的新闻在央视播发 300 余条次，在全省各地州排名第一，在全国城市台排名靠前。创新报道方式，在全国首创推出"电视讲习所"专题节目，邀请相关专家走进演播室，深入解读党的十九大精神；创办新栏目《贵阳大数据》，这是一档突破传统、充分融合各平台的节目，《大数据人物》《大数据热词》等报道引起广泛关注。2018 年由贵阳广播电视台参与创作的纪录片《血铸河山》之"西班牙医生"荣获中国广播影视大奖·广播电视节目奖电视专题类大奖；纪录片《回家》获中国电视艺术家协会"人文中国第六季——家园"全国电视纪录片、专题片一等奖；制作的四集广播剧《知行合一王阳明》获第 17 届中国广播剧研究会广播剧专家奖二等奖；新闻《烽火护宝——四库全书与贵阳》《习主席为贵阳足球小将点赞》《猕猴桃"嫁接"大数据 可追溯云平台带来新机遇》获全国一等奖；《铁骨》《天眼探秘（一）（二）》《在"朗读亭"做快乐的朗读者》《889 音乐典藏之黄磊文学音乐大碟》等一批新闻作品获贵州新闻奖、贵州广播影视节目奖一等奖。2018 年 9 月 12 日，在全国广播收听市场风云榜颁奖典礼上，贵阳交通广播连续三年荣获"全国城市电台交通频率 10 强"称号。法制频道主持人邓韵喜获法制电视节目全国"十佳主持人节目"奖，排名仅次于央视《今日说法》。儿童栏目《童心无限》在"迎接十九大全国优秀少儿节目"评选中获得全国三等奖，并获总局专项儿童奖励经费 15 万元。

## 二、构建省、市（州）、县三级融媒体中心协作体系

2018 年 10 月 19 日，贵州县级媒体融合发展大会召开后，贵阳市高度重视，将融媒体中心建设作为巩固党的意识形态舆论阵地的一项重要政治任务来抓落实，认真按照《中共贵州省委宣传部关于扎实推进县级融媒体中心建设的通知》有关要求，紧盯"2019 年 3 月底前，全省 88 个县（市、区）县级融媒体中心基本建设完成；5 月底前，进一步调试完善后投入实际运行"的目标，按照高标准要求，坚持高位推动，统筹谋划，整体推进全市融媒体中心建设工作。贵阳市委常委会、市委深改组先后 3 次专题研究融媒体中心建设工作，市"两办"印发了进一步推动媒体深度融合发展的实施意见，在全国率先探索"三级协作、四级融通"的融媒体中心建设运行模式，确定由市财政投入 6000 余万元用于支持市、区两级融媒体中心建设。2018 年 12 月 30 日，以贵阳日报传媒集团为基础，打通贵阳广播电视台新媒体矩阵，完成了贵阳市融媒体中心的建设，成为全省首家市级融媒体中心。从 2018 年 10 月 16 日启动，到 2018 年 12 月 28 日完成，仅用了 40 多天的时间，成为贵州省内第一家建成投用的市级融媒体中心。此外，2019 年 3 月 26 日，贵

阳市 12 家县级融媒体中心和贵阳市教育融媒体中心完成建设并集中挂牌投入运行，全市一张网的"省、市（州）、县三级融媒体中心协作体系"形成。2019 年 4 月 22 日，全国首个融媒体数据安全实验室在贵阳揭牌成立。具体做法如下。

**（一）以县级融媒体建设为重心，大力夯实基层新闻舆论阵地基础**

严格对照贵州省委宣传部"四定四落实"的目标要求，按照"市统筹，县负责"的原则，贵阳市强力推进县级融媒体中心建设，贵阳市委宣传部在市级层面制定下发了过渡阶段的指导性操作

2018 年 12 月 28 日，贵阳市融媒体中心在全省率先投入使用

意见，为县级融媒体中心建设加速推进提供政策支撑。各县（市、区）主要负责人当好"指挥长"，宣传部长当好"施工队长"，加速推进场地选址，软件、硬件配套建设，人员配备等工作，积极推动与现贵州日报当代融媒体集团和多彩贵州网传媒有限公司等省级技术平台的整体合作。2019 年 3 月，全市 12 家县级融媒体中心全部挂牌运营，各县（市、区）建设经费预算投入合计约 9000 余万元。县级融媒体中心场地面积合计达 11000 平方米，其中清镇市、开阳县、修文县等融媒体中心面积均超过 2000 余平方米。上线"幸福云岩""观山湖观天下"等新媒体产品 40 余个。完成了县级新闻中心、广播电视台的机构整合，依托此轮机构改革，通过编制增加、外聘等多种模式，争取人员配置约 500 人。此轮县级融媒体中心建设中注意延揽人才，观山湖区、云岩区等融媒中心创新体制机制，采取双轨制、聘任制等方式，从省、市媒体引进了优秀的新媒体内容生产、技术运维、经营管理人才，充实了融媒体中心工作力量。

**（二）在全省率先建成市级融媒体中心，在全国率先探索省、市（州）、县三级融媒体中心协作体系**

按照贵州省委办公厅、省政府办公厅下发实施意见要求，在贵州日报当代融媒体集团、多彩贵州网传媒有限公司等省级技术平台的强力支撑下，贵阳市一方面通过全面整合市级媒体资源，委托贵阳日报传媒集团承建贵阳市融媒体中心，并于 2018 年 12 月底在全省率先建成并试运行。在 2019 年贵阳市"两会"报道中，贵阳市融媒体中心 5 天时间收获网络传播量超过 5100 万人次，其中微博话题阅读量超过西南地区周边省会城市总和；2019 数博会期间，贵阳市融媒体中心发挥媒体融合优势，整合《贵阳日报》、《贵阳晚报》、贵阳网、贵阳头条 APP、ZAKER 贵阳 APP 以及微信、微博、入驻号矩阵等渠道资源，特别联合腾讯新闻、百度新闻、今日头条、抖音等网络平台，构建跨平台、跨介质的融合传播格局，全渠道网络推荐曝光量逾 2 亿人次。另一方面，按照"全市统筹、分级负责，优势互补、三级协作，五个整合、聚指成拳"的原则，在贵州日报当代融媒体集团、多彩贵州宣传文化云的大力支持下，探索省、市（州）、县三级协作的融媒体中心协作体系，形成以贵阳市融媒体中心为枢纽，向下连接县级融媒体中心，向上接入省级平台的创新路径，积极拓展传统媒体平台和新兴媒体平台在内容、渠道、平台、经营、管理等方面深度融合新空间。目前，贵阳市融媒体中心媒体矩阵贵阳网、贵阳头条均为各县（市、区）开设了专门频道，同时将新华社、今日头条、搜狐、网易、百度贵州频道等合作平台向县级融媒体中心开放。今年以来，贵阳市融媒体中心为各县（市、区）发布稿件超过 8 万条。在 2019 年"爱心观山湖"旅游文化节期间，贵阳市融媒体中心、观山湖区融媒体中心联动累计发布相关稿件近千条，累计阅读量逾 1000 万人次，在微博互动开设相关话题总阅读量超 3000 万人次。

**（三）以完善功能为目标，大力强化综合服务功能**

为了更好地完善融媒体中心主流媒体阵地、公共服务平台、社区信息枢纽三大主体功能，发挥融媒体中心联通市级媒体的宣传资源，打通市直部门的服务功能，与县级融媒体中心密切配合的作用，贵阳市在推进市级融媒体中心建设工作的同时，首先启动了市直部门融媒体中心建设工作，并于 2019 年 3 月底率先完成了贵阳教育融媒体中心建设。目前，贵阳教育融媒体中心已全面承担起统筹贵阳市教育宣传、舆情监测等多项工作，圆满完成了中考改革、义务教育入学招生形式改革、全市教育大会等重大教育事件以及日常动态工作的宣传策划报道，同时，贵阳教育融媒体中心的"新闻＋服务""新闻＋政务"等功能版块正不断拓展，现已逐步成为我市教育综合信息服务平台。在贵阳市教育融媒体中心成功挂牌的基础上，目前，贵阳市公安融媒体中心、贵阳市共青团融媒体中心也已开始论证。其次，启动了贵阳市融媒体中心与全市最大的民生服务平台"筑民生"的合作，现已进入平台资源整合阶段，年内将完成民生服务数据信息功能的接入，将进一步充实完善贵阳融媒体中心公共服务平台、社区信息枢纽等功能，延伸融媒触角，打通服务"最后一公里"。第三，在全省率先探索融媒体中心与新时代文明实践中心的融合打通，实现新时代文明实践中心与县级融媒体中心微信公众号、网站等互联互通，提升受众服务覆盖面。

**（四）以数据安全管理为保障，成立融媒体安全平台**

依托贵阳大数据发展的优势，在市县融媒体中心建设过程中，积极探索成立贵阳市融媒体数据安全实验室。探索组建了来自媒体、大数据安全企业、大数据研究机构等领域的人才团队，按照安全研究、业务孵化、产业化运作的路径，逐步构建全国首个融媒体安全体系、建设全国首个融媒体安全靶场、发布全国融媒体安全研究成果等，建立网络安全、信息安全、数据安全、内容安全的联合防控和协同机制，从安全技术、安全产品、安全服务、安全治理四个维度形成全国融媒体安全的"贵阳模式"，为融媒体中心健康发展保驾护航。目前，贵阳市融媒体数据安全实验室处于安全研究阶段，已经完成项目规划及《贵阳市融媒体数据安全实验室建设方案》《贵阳市融媒体数据安全实验室章程》的撰写。2019 数博会期间，公开发布了《融媒体安全威胁 TOP10》提示。

## 三、推动省、市（州）、县三级融媒体中心协作体系走向全面深化

在调研中也发现，贵阳市三级融媒体中心协作体系建设也存在诸多"瓶颈"亟待突破。一是由于传统新闻单位的业务特征等方面的原因，普遍存在技术力量不足的问题，融媒体平台的技术支撑还比较弱，后续升级迭代面临"瓶颈"。二是体制机制不能适应媒体融合的发展需要，探索商业模式尚待新的资源引入。三是构建融媒体网络体系呼唤政策支持，支持商业互联网平台向主流媒体技术平台开放打通。四是各级政府融媒体中心的投入力度有待加强，对市级融媒体中心的支持政策有待明确。五是新旧动能转换亟待强化人才支撑。一方面，传统业务人才面临巨大的流失压力；另一方面，新型业务的人才支撑还非常薄弱。同时，以聘用制为主的人员管理模式致使采编队伍归属感不强，上升通道受阻，新闻业务队伍不稳定。结合调研情况，现提出深化省、市（州）、县三级融媒体中心协作体系的建议如下。

**（一）切实加强舆论阵地建设，进一步丰富媒体产品和传播渠道，提升融媒平台的传播力、引导力、影响力、公信力**

积极推进县级融媒体中心《互联网新闻信息服务许可证》的申

办工作，以此为契机加快推进县级融媒体中心的规范运营。要推动县级融媒体中心既有报纸、广播、电视等资源的整合工作，顺应移动优先形式，形成移动传播矩阵，通过更多更好更新颖更生动的融媒报道、融媒产品，讲好贵州、贵阳故事，传播贵州、贵阳声音，不断提高贵阳市的知名度和美誉度。推进贵阳市融媒体中心大厦的建设，提升媒体融合的基础设施水平，以进一步强化市级融媒体中心枢纽作用。目前，贵阳市已决定，以资产置换为主，以财政补助为辅，在贵阳市新城区建设贵阳市融媒体中心大厦，中心总建筑面积9万余平方米，完全按照满足最新的融媒体业务需要的标准进行建设。

**（二）切实加强功能建设，进一步整合资源，扩展服务功能**

继续按照"新闻＋服务"的理念，着力推动发改委、工信委、文化和旅游局、政务服务中心等部门平台资源整合，不断扩展贵阳本土服务，打造"新闻＋政务服务""新闻＋党建服务""新闻＋电商服务""新闻＋健康服务""新闻＋便民服务"等多个子系统，把市民最大限度地纳入服务范围，真正将融媒体中心打造成市民"指尖上的服务中心"。积极总结市级融媒体中心和观山湖区融媒体中心前期探索经验，深化社区（乡镇）融媒体站（小站）的探索工作，将贵阳市目前省、市（州）、县三级融媒体中心协作引向社区（乡镇）和村居，真正打通基层宣传"最后一公里"，把宣传触角延伸到群众，将融媒体的服务职能与群众需求相结合，更好地"引导群众、服务群众"。与此同时，推进市属媒体与部门融媒体中心建设，发挥好贵阳大数据产业聚集的优势，通过"新闻＋服务"方式，推动贵阳市融媒体中心与"筑民生"等服务平台的整合，统筹市、区发改委、政务服务中心以及民政局、公安局等部门资源，推动"交警""公积金"等民生功能接入融媒体中心。

**（三）切实加强制度建设，进一步完善融媒体制度建设，实现建管同步**

在前期市、县两级融媒体中心运营管理的基础上，及时总结经验和不足，依据《县级融媒体中心建设规范》《县级融媒体中心网络安全规范》，不断完善市、县两级融媒体中心制度建设，完善采编和经营分开的运行机制，不断增强融媒体中心的"造血"能力，将融媒体中心真正建设成为"四全"媒体。

**（四）切实加强队伍建设，进一步创新体制机制，延揽融媒体中心发展急需的专业技术人才、经营人才和复合型人才**

通过与国内知名院校、专业媒体合作培训的方式，积极组织开展融媒体中心采编人员的政治教育和业务培训，锻造一支政治立场坚定、业务水平精湛的融媒体采编团队。

# 第六章

# 把握短视频"风口"
# 实现媒体融合"快生长"

## ——贵州推动媒体融合向纵深发展系列调研报告之六

随着互联网、大数据技术日新月异，特别是5G时代的到来，网民进一步在网络短视频"阵地"集聚，"无视频，不传播"成为网络传播的显著特征。截至2018年年底，我国短视频用户规模达6.48亿人，短视频营销市场规模逾140亿元。无处不在的传播场景、持续增长的用户规模、超乎想象的惊人流量，彰显着短视频旺盛的生命力。

作为互联网时代的新兴应用场景，短视频正在构成独特的网络景观。我们如何抢抓媒体融合发展机遇，更好借助短视频风口期，进一步强化短视频的策划、制作、传播等能力，为唱响网上主旋律、构建网上网下同心圆贡献重要力量？近期，通过座谈、实地走访、调阅资料等形式进行调研，并结合《中国互联网络发展状况统计报告》以及短视频发展的相关资料学习等，形成本调研报告。

# 一、紧盯前沿，深刻把握短视频发展新特点新趋势

短视频代表的是移动互联网时代一种新表达，目前已经成为我国移动互联网流量增长最快的产品。有研究显示，短视频对新增网民的拉动作用最为明显，新增网民对网络视听应用的使用率中，短视频使用率高达 53.2%，高于综合视频、网络直播、网络音频。

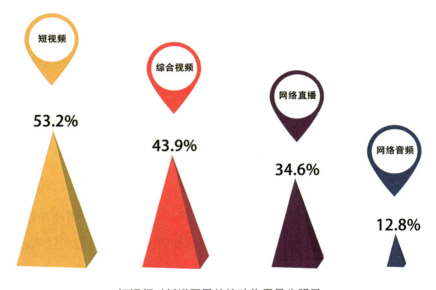

短视频对新增网民的拉动作用最为明显

## （一）短视频已经是时代的风口

2019 年的全国"两会"，短视频成为媒体"新宠"，成为媒体报道的一个重要表达形式，取得了很好的成效。2018 年全国"两会"期间，新华社"媒体大脑"——15 秒生产出首条"2018 两会 MGC 舆情热点"短视频机器新闻。作品思想深刻、角度新颖、情

感真挚、制作精良,体现一流创意制作水平。央视网"V观"时长约 1 分钟,以《习近平:我们的工作必须夯实基层》为传播造势,仅央视网和客户端阅读量就突破 200 万人次。人民网视频《两会夜归人》近距离感受媒体人"两会"期间的所闻所思,秒拍总播放量近 500 万人次;光明网短视频作品《光明的故事》《握手瞬间》等总浏览量超过 1.2 亿人次。2019 年全国"两会"期间,人民日报"两会"融媒体报道推出微视频《我们都是追梦人》,该微视频以习近平总书记讲话"我们都在努力奔跑,我们都是追梦人"为核心创意,讲述快递员、退役军人、扶贫干部 3 位普通人的追梦故事,

《中国 24 小时·贵州篇》翻开黔贵高原多彩画卷,上线后引起媒体广泛转载

两天内全网播放量已超 2.5 亿人次。2019 年，人民日报客户端参照《长安十二时辰》概念，发布《中国 24 小时》短视频，上集《锦绣河山》展现祖国的壮美风景和人文情怀，上线 5 天内播放量达 15 亿人次；下集《天道酬勤》描绘国人携手建设祖国的美好图景，颇受欢迎。《中国 24 小时·地方篇》上线后赢得了广泛点赞。2019 年新华网推出的创意短视频《纸短情长》以习近平总书记给不同群体和个人写的 9 封信为主要线索，通过深入回访、暖心讲述，生动反映总书记深厚的人民情怀；通过技术手段反转比例，让回访人物融入有特殊意义的物件之中，营造仪式感。在社交媒体上，短视频已经通过其几乎为零的消费门槛、简单的交互设计、轻松有趣的内容和制作者一夜爆红的示范效应，呈现出用户规模巨大、年轻用户占比高、形式更易为用户接受等特质，成为主流的传播方式。

**（二）短视频已成为新媒体的新阵地和重要平台**

近年来，新华社顺应视听传播新态势，不断探索新思维、新技术在短视频领域的创新应用，推出一批以高品质、正能量、融合态为特色的短视频精品，并于 2018 年启动新华媒体创意工场项目，着力打造顶尖智能的视频创意融平台。2019 年 9 月 19 日，由人民日报社新媒体中心打造的短视频聚合平台"人民日报 +"正式上线，成为中央媒体首个上线的短视频聚合平台。这是人民日报充分运用新技术、新应用，创新媒体传播方式，加快推动媒体融合发展，打造具有强大影响力、竞争力的新型主流媒体的重要一步。"人民日报 +"以 PUGC 和"人民问政"为主要特色，致力于打造自主可控的短视频旗舰平台。业内领先的快手科技为产品提供技术支持。2019 年 5 月，中央广播电视总台正式成立央视

　　2019 年 9 月 12 日，新华社推出《60 万米高空看中国·贵州》短视频，自官方微信首发，不到 1 个小时阅读量突破 10 万 +，经新华社系新媒体矩阵全网发布，线上线下多端联动，在发布两天后共计 31 家网站转载、95 条微博转发、28 家微信公众号转载，线上线下总浏览量超过 1941.7 万人次，互动 2.7 万人次，连续多日"霸屏"新浪微博新时代榜

频融媒体发展有限公司，在发挥总台视音频优势的基础上，进一步聚合社会机构和专业及准专业创作者的优质账号，在内容上聚焦泛文艺、泛资讯、泛知识三大品类，在形态上主打短视频，兼顾长视频，致力于建设守正创新、真实权威、生动鲜活、轻松快乐、用户喜爱的新媒体新平台。继政务微博、政务微信后，现在全国各地党政机关也抢占短视频舆论阵地，并且一改以往严肃刻板的印象，开始灵活运用当前的流行音乐舞蹈快闪等形式，设置议题、策划话题，极大地提升网络传播的整体效能。"书不尽言，言不尽意……圣人立象以尽意。"可以说，短视频正在用一种"润物细无声"的方式飞速拉近政府与群众、媒体与受众间的距离，成为走网上群众路线的重要方式和重要载体。相关数据显示，截至 2019 年 2 月初，人民日报抖音号的粉丝量超过 1000 万人，央视新闻、浙江卫视、人民网、中国网直播在抖音平台上的粉丝量都超过 500 万人。

**（三）短视频更有利于在"碎片化"传播中集聚优势兵力**

在移动互联网时代，注意力是稀缺资源。用户很难集中一长段时间在移动端阅读大段的图文信息。短视频在事件发生的第一时间，集中主要"兵力"，以事件亲历者的角度对事件进行带强烈个人色彩的还原，将所要传播的内容展现出来，充分表达传播者的思想与感情，短小精悍，直奔重点，没有套话、废话，这就是为什么一篇讲述一线工人工作艰辛的推文，往往没有一部讲述一线工人奋力工作的短视频更能打动人。短视频让网络传播更具有人情味、情感和人文关怀，更具有直击人心的力量。从这个角度看，短视频的特性，将有力推动新闻媒体盘活存量、打开增量、用爆款短视频为主流文化传播赋能。

**（四）短视频正在推动媒体传播手段、信息交互方式等发生本质性变化**

2019年2月28日中国互联网络信息中心发布了第43次《中国互联网络发展状况统计报告》。该报告显示，截至2018年12月，我国网民规模8.29亿人，手机网民规模8.17亿人，其中，短视频用户规模达6.48亿人，用户使用率为78.7%。伴随着4G的飞速发展，短视频在短短的四五年内成为手机网民中的"宠爱"。从时间上看，短视频从15秒到两三分钟不等，深度契合当前碎片化阅读场景；从内容上看，短视频更强调开端数秒的吸引力和冲击力；从制作上看，短视频门槛低、上手快，没有专业性的要求；从影响力上看，短视频更强调用户的参与和传播，在不断的模仿、上传、分享中实现受众的群体分享感和获得感。短视频的这些优势深刻地改变着传播格局，让传播不再是专业机构的独门绝技，改变着人们获得第一手资料的方式，让每一个普通人都能成为事件的主角，掌握话语权和表达权。

**（五）短视频或将成为5G时代最先获益的行业**

随着5G时代的到来，媒介的内容生产方式、传播方式、表达方式和接收方式都将随之发生改变，视频传播深层次依赖网络速度的制约也将逐步被破除。5G带来的移动互联网和物联网时代，万物互联也就带来了万物皆媒，短视频将会与更多应用场景进行融合，成为人们的基础性生活消费形式。"无视频，不传播"的传播理念将会深入传播行业，短视频很大可能将会成为内容传播的绝对主力，这也将给短视频行业带来更大的消费潜力和增长空间。

## 二、守正创新，开拓具有贵州特色的短视频传播发展新路

近年来，贵州大力弘扬新时代贵州精神，牢记嘱托、感恩奋进，抢抓机遇、攻坚克难，全省经济社会发展取得了历史性成就、发生了历史性变革。这为做好网络传播奠定了坚实基础。要积极通过网络充分展示贵州发生的巨大变化，助力全省撕掉贫困的标签、贴上亮丽的名片。当前，贵州网络传播亮点频频，但是与新形势新要求相比，在把握规律、推动创新方面还存在不少短板和不足，尤其是还存在传播观念亟待更新、传播渠道不完善、对外传播体系建设不足、各地各部门间发展不均衡、统筹协调体制机制需要进一步完善等问题。需要借助短视频发展风口，进一步把握传播规律，紧跟时代变化、适应实践要求，不断提高工作质量和水平。

### （一）多彩贵州的经济社会发展为可视化传播奠定了良好的素材基础

近年来，贵州坚持以脱贫攻坚统揽经济社会发展全局，牢牢守好发展和生态两条底线，深入实施大扶贫、大数据、大生态三大战略行动，取得了令人瞩目的成就。综合实力显著提升，经济增速连续八年半位居全国前三位，2017年、2018年位居全国第一位；经济结构不断优化，转型升级步伐加快；脱贫攻坚成效显著，减少贫困人口768万人；交通建设取得重大突破，在西部地区率先实现县县通高速、村村组组通公路；生态环境持续改善，森林覆盖率达57%；改革开放取得重大进展，国家大数据综合试验区、国家生态文明试验区、内陆开放型经济试验区等三大试验区建设成

2019 年 2 月 1 日，《"庆祝新中国成立 70 周年·多彩贵州有多彩"系列网络文化传播短视频》正式上线，多彩贵州"抖起来""亮起来""美起来"

效明显；人民生活水平显著提升，社会事业长足发展；党的建设全面加强，政治生态持续向好。"'多彩贵州'这个品牌，耳熟能详、脍炙人口、家喻户晓。"贵州的桥、贵州的农特产品、贵州的非遗文化、贵州的组组通建设以及神奇秀美的自然风景、热情好客的少数民族风情、举世闻名的红军长征文化以及冬无严寒、夏无酷暑的宜人气候，都是各媒体通过短视频呈现贵州发展故事的生动现实素材。

（二）贵州在通过短视频展现经济社会发展方面积累了经验

随着贵州媒体融合发展的纵深推进，着眼于短视频的蓬勃发展，贵州日报当代融媒体集团、贵州广播电视台、多彩贵州网等更加重视短视频制作传播，纷纷入驻各短视频平台，制作推出一批展现贵州发展的短视频精品作品。贵州广播电视台"动静贵州"专访贵州知名民营企业"老干妈"的短视频《中国就是这么霸气的老干妈！》推出仅仅 30 个小时，5 条短视频累计播放量突破 1 亿人次！点赞量超过 300 万人次！评论数超过 9 万人次！其中一条视频单条播放量超过 5200 万人次！《多彩贵州 dou 起来 茶源于中国源于贵州》累计视频播放超过 500 万人次，点赞量达 1.4 万人次。《多彩贵州 dou 起来 @ 贵州人！你们可以骄傲了！》单条播放量超过 50 万人次，点赞量达 2.7 万余人次。贵阳网抖音号推出的 2018 数博会上马云"祝福贵州，我相信贵州和贵阳，未来是中国最有意义、最富有的地方之一"的短视频发布后达到 54.6 万人次点赞量，

贵州广播电视台专访"老干妈"创始人陶华碧的短视频成为爆款作品

3.3 万条留言。2019 台湾名嘴黄智贤介绍现在的贵州，视频发布后单条点赞量超过 223 万人次。这些作品，充分展现了贵州的"颜值"和"气质"，取得了很好的传播效具，也为省内媒体强化短视频生产传播积累了宝贵经验。

**（三）贵州正在努力将短视频生产有效融入总体传播矩阵中**

总体上看，贵州尚未建立起一套完善的短视频生产与传播机制，短视频制作技术人才储备也还不足。从调研情况来看，首先是短视频定位不清晰。一些作品的内容过于宽泛，追求"大而全"和宏大叙事，或者特色不鲜明、风格难以彰显，难以实现短视频产品与传播需求、推广形象高度契合。其次是各单位内部资源整合不充分。现在新闻媒体及其所属"两微一端"、政务新媒体众多，不少机构在抖音、快手等各个平台也都开设了账号。目前，一些政务新媒体缺乏统筹意识，难以综合运用文字、图片、短视频、H5 等各种方式，借助平台渠道壮大自身，推动精品内容、精品短视频实现传播效果最大化。最后是传播理念需进一步改进。传统媒体时代，传播者只需要将内容推出就基本完成了传播行为，是不是达到预想中的效果、用户是否满意不在传播链条中。这一点在移动互联网时代是行不通的，必须要以用户、受众为重点，认真研究用户、受众的需求，综合考虑传播需求和反馈，实现精准传播。

## 三、把握"风口"，大力推动短视频生产传播更上新台阶

随着 5G 时代的到来，用户分享和生产短视频的便捷度都将大

幅提升，短视频发展的春天还将继续，而高质量的内容和设计成为短视频平台下半场竞争的关键所在。必须坚持品质取胜、技术娴熟，大力推动短视频生产传播更上新台阶。2019 年是新中国成立 70 周年，国家广播电视总局策划推出了一系列短视频传播活动。本次活动推出的第一条短视频作品《彩色新中国》上线 1 小时内，点击量便超过千万人次，24 小时点击量超过 6000 万人次，成为名副其实的爆款。短视频《天安门广场数万人表白祖国》播出后，点击量超过 5000 万人次，引发网友强烈共鸣。《我爱我的国！ 56 个民族同唱这首歌》《〈我和我的祖国〉！ 河北地方戏联唱！》《公安民警在北京大兴国际机场表白祖国》等作品唱响了礼赞新中国的时代主旋律。《这里是中国》《1 分钟带你尽览 6300 余公里长江之美》等作品展现了大美中国、大好河山，网友争相点赞转发。《屠呦呦的本草情缘》《黄旭华：为祖国深潜》《袁隆平祝福祖国，网友祝愿"杂交水稻之父"成为"00 后"》《张富清的本色》等反映"共和国勋章"获得者的系列作品，唱响了讴歌楷模、讴歌英雄的主旋律。《听，共和国军人的铿锵脚步！》《与死神竞速！ 90 后排爆手王铭：成功了明天见，不成功天上见》等作品，讲述了各个领域当代中国人的奋斗故事，展现了中国人的奋斗精神。《上航母！ 开飞机！华南师大附中"男神班"争相从军报国！》《90 后萌妹杨建国的仿真机器人梦》等作品，聚焦"90 后""00 后"，展现新时代青少年的成长、奋斗历程，呈现其昂扬的精神面貌。《66 岁马拉松阿姨：做自己，不言弃！》等短视频展现平凡人的奋斗精神，弘扬社会主义核心价值观。从这些作品中可以看出，"有态度""有温度""有亮度"的作品颇受网友欢迎。短视频制作要有精品意识、作品意识，要把握好以下几点。

### （一）定位要准，要有意义

短视频刚兴起的初期阶段，走过一些弯路。目前，短视频要以高质量的产品占领市场，以有品位的内容赢得消费者信赖已成共识，而高质量的产品、有品位的内容首先来自于精准的定位。要紧扣以下着重点突出短视频生产：一要向全国乃至全世界描述贵州的多彩，展示真实、立体、全面的多彩贵州，展示团结奋进的贵州。二要展示贵州牢记嘱托、感恩奋进，大力弘扬新时代贵州精神，全省上下团结一致、勠力同心，政治生态持续向好，干事创业劲头十足。三要展示蓬勃发展的贵州，讲述贵州不甘落后，推动经济增速连续多年位居全国前列，实现了增比进位、后发赶超。四要刻画贵州决战脱贫攻坚、决胜同步小康，创造了全国脱贫攻坚的"省级样板"。五要展示开放创新的贵州，在"地无三尺平"上突破交通"瓶颈"，实现县县通高速、市市有机场，迎来高铁交通新时代。六要叙述这些年来贵州获批建设国家大数据综合试验区、生态文明试验区、内陆开放型经济试验区，大数据发展风生水起，"中国天眼"世界瞩目，持续举办生态文明贵阳国际论坛、数博会、中国—东盟教育交流周、酒博会、国际山地旅游大会等高端国际性会议活动，走出了一条有别于东部、不同于西部其他省份的发展新路。

### （二）内容要美，要有意思

2019 年，荔波发布"荔波 dou 是好风光"，邀请多位抖音达人，针对荔波小七孔古桥、卧龙潭、翠谷瀑布等景点，以及白裤瑶族文化保存最完整的董蒙瑶寨进行多层次、多角度的视频内容创

　　贵州省委网信办连续两年举办"多彩贵州有多彩"之"印度媒体看贵州"传播活动，邀请印度主流媒体实地感受贵州发展脉搏，传播贵州精彩故事，引起广泛反响。中央网信办《网络传播》将"印度媒体看贵州"传播活动列入一周全国网信十件大事之一

作。截至 2019 年 8 月，"荔波 dou 是好风光"相关视频播放量累计
超过 2.4 亿人次，今日头条上的同名话题阅卖量超过 1200 万人次。
短视频制作虽然接近零门槛，但真正有价值、有意思被广泛传播的
短视频，无不是有意思、有美感的正能量短视频。快手平台有个统
计数据，传播量排名前十的短视频中，有七个都是正能量的暖新闻
短视频，这些短视频背后，无不体现了精心的策划和丰富的美感。
短视频制作要突出几个关键点：一是要精心构图，为视频点睛。构
图在短视频制作中，能够创造画面造型，能够表现节奏、韵律，具
有无可非议的表现力，传达给观众的不仅是一种认识信息，同时也
是一种审美情趣。构图要便于把故事讲清楚，不能影响叙述的清晰
度，同时也要体现出制作者的情感意识和主体意识，与整体传达内
容相统一。二是要精选音乐，为视频添彩。不同类型的短视频表
达的主题以及想要传达的情绪不一样，运用的音乐类型自然也不
同。短视频的节奏和情绪都要靠背景音乐来带动，视频的画面节奏
和音乐本身的节奏匹配度越高，整体画面看起来会更和谐，更有代
入感。因此，在短视频配乐上一定要有清晰的情绪把握，准确的节
奏安排，最后实现情绪的积累和情感的自然传达，与画面一起实现
1+1>2 的效果。三是精准人物，为视频动情。人是短视频的主体，
即便是没有人物出镜的短视频，同样也是人的个人视觉的呈现。人
的考量在短视频中是第一位的。人的选取必须要充分考虑与其背景
身份的契合，和短视频氛围节奏的契合。要充分讲人话，表人情，
动人心，要反映出普普通通人身上的光芒，把一个个的人的故事讲
真讲好讲活。四是强调意境，为视频增重。优质的内容，还需要优
质的讲述，营造出优美的意境，我们需要通过手中的镜头记录以及

贵州充分利用短视频宣传推广全省十二大特色农产品，努力推动"黔货出山"

软件的剪辑，制作出一个个环环相扣、动人心扉的短视频，让观众在观赏过程中不觉投入，慢慢深陷其中而不能自拔，即便短视频播放完成后，仍然沉醉其中，脑中仍在回忆其中味道，达到"情与景汇，意与象通"，把人的心理由内而外打开，与观看者产生高层次的共鸣。

**（三）链接要广，要形成体系**

首先，"链接"是新媒体应用短视频的精髓所在。短视频给新媒体创新带来了很好的契机，在国家话语与大众话语的转换、官方发布与民间共享的对接中，给新媒体发展带来更多的可能性。在媒体融合的大趋势下，不仅是传统媒体要实现向新媒体的转化，新媒体各业态间同样也要不断适应社会的变化和信息化的持续推进，同样也存在加速融合的需要。其次，各个媒体之间，不仅是竞争的关系，同样也存在链接融合。省直各部门、省级各媒体、各市（州）各县中都有着丰富的资源，同样也都存在着渠道不通畅、人才不足、手段不够的问题，要通过互相交流沟通实现互相的链接、达到资源整合互为补充的统筹。再次，技术的链接，特别是县级融媒体中心的作用要发挥好。短视频生产出来后，要通过链接后续和算法推送，与图文、其他音视频、直播、VR 等打通，密切连接各种政府信息和服务，打造市（州）媒体、省级媒体到中央媒体的短视频传播链条，集聚网络传播强能量。

# 附录一

# 用好县级融媒体中心
# 促进中华优秀传统文化传播传承

2019年8月30日至9月1日，第三届孔学堂·国学图书博览会在贵州贵阳举行。这是全国唯一以国学为主题的图书博览会。3天会期，通过贵阳孔学堂主会场与全省新华书店、公共图书馆分会场联动，图书展销与主题采访、名家讲座、高峰论坛并举，吸引了数十万人次参与，国学图书销售码洋创下历届新高。2019年11月8日至9日，中宣部在深圳召开全国全民阅读工作经验交流会。会议公布了2019年全国全民阅读优秀品牌项目，"孔学堂·国学图书博览会"成功入选。此次评选，中宣部从全国171个申报项目中仅评出20个优秀品牌项目，其中省级党委宣传部、新闻出版局仅3个。

通过持续深入打造，孔学堂·国学图书博览会已成为贵州人家门口的阅读盛宴、国学盛宴、文化盛宴。正成为国内重要的传统文化研究传播平台、国学出版机构互动交流平台、为群众提供丰富文化服务的活动平台、国学出版物集散交易平台，成为在国内独树一帜、初具影响力的行业展会与国学传播品牌。这表明，根据中央精神，多彩贵州结合实际，紧扣中华优秀传统文化的传承发展，又向外界递出了一张崭新而亮丽的文化名片。下一步，贵州还将围绕中华优秀传统文化的创新性发展、创造性转化，进一步深化打造孔学堂·国学图书博览会品牌，乘媒体融合纵深推进之势，推动县级融媒体中心建设与中华优秀传统文化传播互相搭台，切实让中华优秀传统文化飞入寻常百姓家。

作为国内第一个国学类别的专业图书博览会，孔学堂·国学图书博览会已成为贵州一张独具特色的文化名片

## 一、深刻学习领会习近平总书记关于传承发展中华优秀传统文化的系列重要论述

中华优秀传统文化，积淀着中华民族最深沉的精神追求，支撑着中华民族历经五千余年生生不息、傲然屹立。党的十八大以来，围绕传承和发展中华优秀传统文化，习近平总书记发表了一系列重要论述。

### （一）中华优秀传统文化博大精深，应充分传承发扬

习近平总书记指出，中华民族有着深厚文化传统，形成了富有特色的思想体系，体现了中国人几千年来积累的知识智慧和理性思辨。中华民族在长期实践中培育和形成了独特的思想理念和道德规范，有崇仁爱、重民本、守诚信、讲辩证、尚和合、求大同等思想，有自强不息、敬业乐群、扶正扬善、扶危济困、见义勇为、孝老爱亲等传统美德。习近平总书记强调，古人所说的"先天下之忧而忧，后天下之乐而乐"的政治抱负，"位卑未敢忘忧国""苟利国家生死以，岂因祸福避趋之"的报国情怀，"富贵不能淫，贫贱不能移，威武不能屈"的浩然正气等，都体现了中华民族的优秀传统文化和民族精神，我们都应该继承和发扬。贵州是古人类的发祥地之一，各族人民在这片土地上创造了多彩绚烂的红色文化、民族文化、历史文化、山地文化等，王阳明贵州龙场悟道开启心学，成为中国哲学的一座高峰。贵州 17.6 万平方公里土地上丰厚的优秀传统文化，是中华优秀传统文化的重要组成部分。

## （二）中华优秀传统文化是中华民族伟大复兴的坚实支撑，是中华民族最深厚的文化软实力

习近平总书记在讲话中指出，中华优秀传统文化是中华民族的突出优势，是我们最深厚的文化软实力。他曾多次在讲话中提出，中华文明经历了五千多年历史变迁，但始终一脉相承，为中华民族生生不息、发展壮大提供了丰厚滋养。总书记强调，中华民族在几千年历史中创造和延续的中华优秀传统文化，是中华民族的根和魂，是中华民族的精神命脉，是涵养社会主义核心价值观的重要源泉，也是我们在世界文化激荡中站稳脚跟的坚实根基。"团结奋进、拼搏创新、苦干实干、后发赶超"的"新时代贵州精神"就是中华民族的伟大民族精神和当代中国人民的时代精神在贵州这片土地上的集中体现和进一步发展，是当前贵州发展的强大精神动力。

## （三）大力推进中华优秀传统文化的创造性转化、创新性发展

习近平总书记多次强调，弘扬中华优秀传统文化，要处理好继承和创造性发展的关系，重点做好创造性转化和创新性发展。党的十九大报告明确把这一要求确定为开展文化建设、铸就中华文化新辉煌的重要工作方针。总书记指出，创造性转化，就是要按照时代特点和要求，对那些至今仍有借鉴价值的内涵和陈旧的表现形式加以改造，赋予其新的时代内涵和现代表达形式，激活其生命力；创新性发展，就是要按照时代的新进步新进展，对中华优秀传统文化的内涵加以补充、拓展、完善，增强其影响力和感召力。贵州打造孔学堂文化品牌集群，建设和发展孔学堂文化地标、孔学堂文化传播中心、孔学堂书局、孔学堂杂志、孔学堂·国学图书博览会等品牌，正是积极探索中华优秀传统文化传承发展的新路。

## 二、用好县级融媒体中心，打通中华优秀传统文化传播的"最后一公里"

中华优秀传统文化既是理论形态的诸子百家、孔孟朱王等一整套完整的思想文化学术体系，更是根植于中华民族基因，表现在中华民族各种行动之中的核心思想理念、中华传统美德和人文精神。要通过一系列的传播和活动，把理论形态的中华优秀传统文化，转化为影响大众的行为规范和思想观念，成为滋养社会主义核心价值观的重要助力。同时，提供以优质的、贴近群众的文化内容和产品，以满足人民群众日益增长的文化需求。

**（一）将中华优秀传统文化融入基层社会治理和意识形态建设**

当前，我国发展面临的国际国内形势十分复杂，经济已从高速增长转向高质量发展阶段，基层社会治理面临新挑战，社会主义意识形态建设亟须守正创新。中华优秀传统文化自身所包含的道德观念、爱国情怀等深深扎根于广大人民的思想观念之中，将这些优秀传统文化融入意识形态建设，必然增强和加深对以社会主义核心价值观为根本的意识形态内容的理解，使全体人民在理想信念、价值理念、道德观念上更加紧密地团结在一起。费孝通先生曾有论断，中国传统文化是长在土里的文化，与老百姓有天然的联系，以中华优秀传统文化濡染群众，在基层群众中大力弘扬传统美德，将其融入基层社会价值的重塑、基层社会冲突处理、基层社会文化重构，是加强基层社会治理、筑牢基层意识形态防线的重要手段。

## （二）县级融媒体中心是互联网时代中华优秀传统文化基层传播的快捷通道

2017 年 1 月，中共中央办公厅、国务院办公厅联合印发了《关于实施中华优秀传统文化传承发展工程的意见》，对相关工作进行了系统的安排和部署。文件明确指出，要加大宣传教育力度，大力彰显中华文化魅力，实施中华文化新媒体传播工程。县级融媒体中心建设，是加强和改进基层宣传思想工作、推动县级媒体转型升级的战略工程，也是打通中华优秀传统文化传播"最后一公里"的重要平台。贵州深入贯彻落实习近平总书记关于推动媒体融合发展系列重要讲话精神，按照中宣部的安排部署，全面推进县级融媒体中心建设工作。2019 年 5 月底，实现了全省 88 个县级融媒体中心建设全覆盖，取得了明显成效，已进入全国第一方阵。当前融媒体中心的布局，为中华优秀传统文化在基层的传播提供了便捷通道。

## （三）县级融媒体中心提质增效需产出更多文化产品

县级融媒体必须进一步科学认识网络传播规律，再造生产流程，加强传播手段和话语方式创新，切实增强群众认同度、信任度、喜爱度，才能不断提升传播力、引导力、影响力、公信力。运用县级融媒体中心做好中华优秀传统文化的传播，既是引导群众与服务群众的题中之义，也是县级融媒体中心增强吸引力和感染力、提升用户黏度的重要手段。中宣部、广电总局发布的《县级融媒体中心建设规范》，在总体要求中提出，应按照"媒体＋"的理念，从单纯的新闻宣传向公共服务领域拓展。该建设规范对于县级融媒体中心要提供的媒体服务，在多个业务版块均强调了文化、教育的内容；在提供的公共服务内容方面，其中两个重要业务版块是文化、教育。该建设规范特别指出，要"为本地用户提供各类文化服务，主要开展文化新闻资讯报道、文化基础设施全方位展示和沉浸式体验、体育赛事资讯和服务、旅游信息服务、地域特色展现、演出活动支持等业务"。

## 三、县级融媒体中心开展中华优秀传统文化传播的几个着力点

县级融媒体中心要做好中华优秀传统文化传播，必须切实把握全媒体时代传播规律，建成具有强大传播力的新型主流媒体，切实发挥与受众物理距离最近的绝对优势，高度重视本土化文化内容的生产传播，真正把镜头对准用户．让人民书写自己的文化和历史，创新体制机制，努力打造县域文化创意中心。

### （一）切实把握全媒体时代传播规律，全方位融合打造县域新型主流媒体

媒体融合，狭义上是指传统媒体与新兴媒体的融合，广义上还是指互联网时代人际传播、大众传播与网络传播的深度融合。全面推进县级融媒体中心建设，是以习近平同志为核心的党中央在全媒体时代舆论生态、媒体格局、传播方式发生深刻变化，新闻舆论工作面临新的挑战的大背景下提出的战略部署。县级融媒体中心在建设过程中，要牢牢把握这一时代大势和传播规律，从内容、渠道、机制体制等方面，全方位构建融合传播格局。在中华优秀传统文化传播上，要统筹推进县级融媒本中心和新时代文明实践中心建设，通过线上文化产品和线下文化活动的互动，切实实现融合传播，运

用中华优秀传统文化宣传群众、教育群众、关心群众、服务群众。

**（二）高度重视本土化文化内容的生产，做主流文化与亚文化的破壁人**

县级融媒体中心处在传播网络的最基层，具有与受众物理距离最近的绝对优势，承担着贯通上下，引导和服务当地群众的重要功能。下沉基层、接近用户的"零距离"优势，正是大数据时代媒体深度融合极为重要的核心要素。本土化的信息是县级融媒体中心的核心竞争力，除了政务信息、生活资讯，很重要的一块，就是本土化的文化内容和产品。中华文化历来具有"多元一体"的特点，县级融媒体中心在文化传播中要研究如何去尊重和表现这种"多元一体"。贵州素有"文化千岛"的美誉，各民族千百年来在这片土地上和谐相处，却又"十里不同风、百里不同俗"，人类非物质文化遗产侗族大歌、石阡说春，世界文化遗产海龙屯，完整保留明朝风味的屯堡文化等，数不胜数，都是各地独特的文化资源，各县级融媒体中心要以全民阅读为具体抓手，立足本地传统文化资源优势，设立常态化项目，切实将主流思想文化融入融媒体中心内容生产之中，通过贴近本地民众的文化产品，发挥文化润物细无声的功能。充分挖掘本地的中华优秀传统文化、民族文化，制作易为当地群众接受的本土化文化内容，提升本地群众的文化自觉与文化自信。

**（三）实实在在把镜头对准用户，让人民书写自己的文化和历史**

用户生产内容是融媒体时代的一大特点。融媒体时代的受众不再仅仅满足于做被动的接受者，他们需要表达、需要展示。县级融媒体中心要把镜头对准人民，除了要自己生产内容，也要为用户生产内容提供平台，既充分激发民众的文化创造力，又做好发布的把关人。具体到中华优秀传统文化方面，要让本地文化名人、乡贤等成为传统文化传播的主角、打造本土文化网络大"V"。这里又涉及一个古老的话题，"民族的就是世界的""小众的也是大众的"，当你充分激发大众的潜力，把本土化的内容做到极致，往往又能成为整个互联网上的"爆款"。现在抖音、快手等平台上的很多方言内容、地方化的内容得到极为广泛的传播就是对这一观点很好的注脚。

**（四）积极探索机制体制创新，打造县域文化创意中心**

县级融媒体中心以本地用户为主体，通过"传媒+""内容+""产业+"等方式，打造平台、服务、产业的圈层化，横向实现内外部的协同融合，提供个性化、精准化的服务，沉淀核心用户，重塑本土化的用户生态，这是县级融媒体中心建设最基本的策略选择。当前，人民群众对美好生活的向往日益强烈，文化服务是提升民众生活品质的重要抓手，县级融媒体中心要立足根本，拓展业态，打造针对本土群众的文化培训、会展演出等文化产品，充分激发文化创造力，充分发挥传统文化润物无声的濡染作用。

总之，县级融媒体中心应主动承担起中华优秀传统文化传承、发展、传播的重要使命，深入挖掘本地优秀传统文化，并不断赋予新的时代内涵和现代表达形式，不断补充、拓展、完善。注重文化熏陶和实践养成，让中华优秀传统文化飞入寻常百姓家，把跨越时空的思想理念、价值标准、审美风范转化为人们的精神追求和行为习惯，不断增强人民群众的文化参与感、获得感和认同感，坚定群众文化自信。

# 附录二

# 贵州省部分市（州）、县级融媒体中心建设实践与探索<sup>*</sup>

## 遵义市：在融合与创新中寻求突破

随着媒体融合朝着纵深方向推进，中央媒体、省级媒体到县市级媒体一体化的主流舆论场加快建构，市级媒体资源整合进入加速跑阶段，2019 年以来，河北张家口、湖北鄂州、浙江绍兴等地分别进行了市级媒体改革。研究地市级媒体融合发展的问题具有现实的价值和意义。近期，调研组对遵义市级媒体融合转型进行了调研。

---

\* 本部分内容得以成书，感谢贵州日报报刊社、贵州广播电视台、多彩贵州网，遵义市、黔东南州党委宣传部以及桐梓县、盘州市、修文县、仁怀市、西秀区、纳雍县、石阡县、台江县、三穗县、兴义市融媒体中心对调研工作的支持和配合。

## 一、遵义市推动市级媒体融合发展的现实背景

在省级和县级紧锣密鼓推进媒体融合发展的同时，作为一支有着悠久历史、具备一定规模、发挥承上启下作用的宣传主力军——300多个地、州、市的媒体也在积极转型，但由于媒体格局的深刻变化，一些市级媒体的报刊发行量、电视收视率、广告收入呈现大幅下滑态势。

受大环境影响，遵义市主流媒体发展也面临前所未有的困难和压力。一是发展空间受限。同中央、省级媒体相比，市级媒体发展空间不足，中央和省级媒体平台较高，基础较好，具有较强的权威性和覆盖面。与县级媒体相比，市级媒体信息来源迟缓，县级媒体植根基层，能够第一时间达到现场采集新闻，时效性优于市级媒体，而且随着媒体渠道变化，县级融媒体中心的素材、资源等可以直通省级和中央媒体。在省、县两级媒体的"夹击"下，市级媒体处于一种较为尴尬的境地，发展空间受限。二是经营收入大幅下滑。遵义市电视台和《遵义晚报》近年来经营收入均以30%的幅度下滑，《遵义日报》也出现亏损。三是人员结构不合理。市属媒体采编人员中，40岁以上人员占比近39%，其中，遵义市电视台40岁以上在编人员占总在编人数的78%。四是现有采编人员技能"转型升级"缓慢。由于自身转型动力不足，加上业务培训工作未跟上，多数采编人员感觉本领恐慌，很难适应工作需要。五是人才流失现象出现。市级媒体面临专业人才严重缺乏和现有人才流失的"双重压力"。据统计，2016—2018年，仅电视台就有22人离职。

## 二、遵义市推动市级媒体融合发展的有益探索

为了突破困局，冲出"重围"，寻求更大的发展空间，遵义市大胆实施"刀口向内"改革，较早提出了市级媒体融合发展思路并积极稳妥推进改革。

**（一）广泛深入开展调研**

2018 年以来，遵义市采取走出去学习先进经验、关起门来"把脉问诊"的方式开展了大量深入细致的调研工作，形成了《关于推动地方主流媒体改革发展的调研报告》《新时代市级媒体新闻采编人才队伍建设调研报告》《赴深圳报业集团、羊城晚报报业集团考察报告》等一批调研成果，为制定媒体融合发展改革实施方案、现有人员分流安置办法、新闻舆论"四力"评估标准、编辑记者薪酬分配体系、人才管理体系以及构建现代化的立体传播体系奠定了坚实基础，为宣传思想工作强起来提供了有力保证，营造出理解改革、支持改革、参与改革的和谐稳定局面。

**（二）推动传统媒体与新兴媒体融合**

遵义日报社、遵义广播电视台、遵义杂志社三家媒体均成立了新媒体中心，在办好传统纸质媒介、网站和广播电视的基础上，纷纷推出"两微一端"，通过视频、直播、H5、音频、漫画、图文等多种形式对外传播，实现传统媒体和新兴媒体优势互补、一体发展、多面发声，彻底打破了纸、声、屏、网、微、端平行运作的传统架构。

**（三）抓紧组建"遵义市新闻传媒中心"**

遵义市将市级媒体融合发展工作与党和国家机构改革工作同

安排、同部署、同考核，列入市委全面深化改革工作要点。目前，新组建的"遵义市新闻传媒中心"已经成立，"三定"方案已经获批，为正县级市属差额拨款事业单位，归口宣传部管理。总投资约 4.5 亿元、占地面积 40 亩、建筑面积约 4.5 万平方米的办公大楼已经建成并完成房屋装修，主要设施、设备基本采购完毕，面积为1200 平方米的演播大厅已建成投用，待"中央厨房"及其他特殊装修工程结束并调试成功后，新闻传媒中心即可挂牌运行，三家主流媒体将正式合而为一、融合发展，从而实现"资源通融、内容兼融、宣传互融、利益共融"的预期目标。

## 三、遵义市推动市级媒体融合发展的初步成效

通过深化改革，激发活力，遵义市媒体融合发展成效明显。一是传播力和引导力明显增强。新媒体的粉丝与日俱增，"遵义晚报"微信公众号粉丝量超过 13 万人，"直播遵义"微信公众号粉丝 8 万多人，"遵义杂志社"微信公众号拥有粉丝 5.8 万余人，"红侠品遵义"直播号拥有粉丝 6.3 万人。二是影响力和公信力明显提升。由《遵义日报》推出的"邓楚涵青春分享会"现场视频直播，观看人数达 100 万人次，点赞 20 万余人次。《直播遵义》抖音号单条视频最高播放量突破 2000 万人次。《品味遵义》工作室开发的创意作品品味遵义小红军、创文小红军表情包、小红军系列 3（方言版）综合点击下载量超过 650 万人次。"红侠品遵义"直播号单期节目观看量达到 373 万人次。三是内容品质明显提高。《遵义》和《遵义通讯》多次蝉联"全国十佳党刊"和"全国优秀党刊"称号，由遵

创意作品品味遵义小红军、创文小红军表情包、小红军系列 3（方言版），综合点击下载量超过 650 万人次

义杂志社选送的作品三次获得贵州新闻奖一等奖。遵义广播电视台时政类新闻节目《遵义新闻联播》，13年来一直位列贵州广播电视台外宣排名第一名，选送的广播电视作品在2018年度贵州省广播影视奖评选中，有6件获得一等奖，6件获得二等奖，6件获得三等奖，高奖奖次和获奖率在全省位居前列。2018年，电视台新媒体中心进入贵州省新媒体影响力排行榜媒体类微信年度十强名单，被评为央视移动融媒体优秀新闻奖优秀合作账号。2018年，《遵义日报》获得了"全国党媒优秀扶贫报道奖"，《遵义晚报》微信公众号在全省纸媒所办新媒体中排名第二。

媒体融合发展是传媒领域一场重大而深刻的变革。改革任务重，资金投入大，技术要求高，建议中央及省级层面加强顶层设计。市级媒体在党的宣传思想工作中扮演着重要角色，发挥着承上启下的桥梁和枢纽作用，承担着较为繁重的宣传任务，而且具有良好的基础，建议上级主管部门将市级媒体融合发展与省、县两级媒体融合发展统筹考虑，同步推进，加强制度设计，科学指导基层推进市级媒体融合发展。

与此同时，建议将遵义列入全国市级媒体融合发展改革试点。遵义在推进市级媒体融合发展上主动作为，积极性很高，而且作了大量有益探索，积累了一定经验，建议将遵义列入全国市级媒体融合发展改革试点，赋予遵义更多改革任务，为全国创造更多可复制可推广的改革经验。

# 黔东南州：抢抓机遇推动融合　"深化"还需攻坚

2018 年以来，黔东南州不断探索传统媒体和新兴媒体在内容、渠道、平台、经营、管理等方面深度融合，加快建设州级融媒体中心，取得一定成效。为检视黔东南州媒体融合发展的实践进展和经验得失，我们开展了相关调研工作。

## 一、组建黔东南州融媒体中心

### （一）原黔东南日报社历史沿革

《黔东南日报》创刊于 1959 年 2 月 1 日，1960 年 9 月 29 日停刊，1984 年 7 月 23 日复刊。2003 年 1 月 1 日，报纸由 4 开小报改版扩大为对开 4 版大报。2007 年 7 月由黑白印刷改为彩色印刷。2008 年 1 月 1 日开始开辟县市新闻版，同时将每周二至周六扩为对开 8 版。2018 年 1 月 1 日起，由周六刊增为周日刊。

### （二）原黔东南州广播电视台历史沿革

1974 年 3 月 18 日，中共黔东南州委批准成立黔东南州电视转播台，这是黔东南电视台的前身。1996 年 2 月 28 日，经国家广电总局批准成立黔东南电视台。2002 年 7 月 11 日，凯里市广播电视局有线电视中心合并到黔东南电视台。2008 年，黔东南电视台更名为黔东南州广播电视台。

### （三）黔东南州融媒体中心组建成立

2019 年 1 月 11 日，中共黔东南州委十届六次全会通过《州委、州政府关于黔东南州州级机构改革的实施意见》，将黔东南日报社职责和黔东南州广播电视台职责进行整合，组建黔东南州融媒体中心，作为州委直属事业单位，归口黔东南州委宣传部管理。

**（四）现有媒体运行情况**

1. 传统媒体平台。（1）报纸：《黔东南日报》，发行量 4.1 万份，综合质量全省排名第四，仅次于《贵州日报》《贵阳日报》《遵义日报》。（2）广播：新闻综合广播频率、交通广播频率，自办广播栏目有《交广早班车》《898 大家帮》等 20 多个。（3）电视：新闻综合、凯里频道 2 个电视频道实现高清、标清同步播出，自办电视栏目《黔东南新闻联播》《凯里新闻》《百姓零距离》《法治黔东南》《时尚家园》《天下斗牛》等。

2. 新媒体矩阵。（1）网站：现有黔东南新闻网、黔东南广电网两个官方网站。其中，黔东南新闻网在 2019 年一季度全省新闻网站综合排名中名列第三。（2）微信公众号：包括掌上黔东南、时政黔东南、黔东南微报、综合广播、交通广播、法治黔东南等微信公众号，各微信公众号共拥有粉丝用户 50 余万人。官方微信公众号已经入驻新华社现场云、人民号、央视新闻移动网矩阵号、触电新闻触电号等主流媒体平台。（3）微博：黔东南新闻网官方微博。（4）客户端：现有黔东南日报、掌上黔东南两个客户端。（5）抖音号：6 月中旬注册"掌上黔东南"抖音号，目前单条最高曝光量 17.2 万人次。

**（五）推进机构改革和媒体融合情况**

2019 年 1 月 26 日，黔东南州融媒体中心班子宣布到位。2 月 1 日，中心正式挂牌。2 月 20 日，完成"三定"方案报州委编办并获审批印发，完成了新旧印章的启用、处置，并以中心名义对外开展工作。3 月 21 日，黔东南州委、州政府领导到中心调研座谈，对中心组建以来各项工作给予了肯定，就协调落实集中办公场地、立项建设"中央厨房"、州财政加大对中心经费支持力度、增加人员编制、化解债务和解决拖欠职工社保等历史遗留问题、恢复报社和电视台机构名称等存在的困难问题一一予以研究，并印发了会议纪要。

截至 2019 年 9 月，黔东南州融媒体中心班子成员已集中办公，新媒体部、办公室、财务室、人力资源部等部室已统一办公，档案整理、固定资产清查、财务清算已基本完成，正在开展人员转隶、探索实施新的薪酬考核制度改革、规划建设"中央厨房"、媒体平台优化整合等工作。研究制定了《黔东南州融媒体中心主任办公会议事规则》《黔东南州融媒体中心编委会议事规则》《黔东南州融媒体中心新闻阅评制度》等制度，抓好中心管理的建章立制工作。

在推进过程中，黔东南州加快推进"中央厨房"规划和建设。拟从技术上将报纸、电视、广播及新媒体平台打通融合，形成"中央厨房"式的内容生产机制，统一采编、统一分发、统一管理。同时，以建设融入省级技术平台"多彩贵州宣传文化云"，运用好省级媒体"天目云""广电云"平台和州县两级融媒体平台为突破口，构建横向辐射州直各部门、纵向辐射县和乡镇、外接中央和省级媒体，资源集约、结构合理、差异发展、协同高效的全媒体传播体系，切实增强州级主流媒体的传播力、影响力。

## 二、黔东南州融媒体中心发挥效能情况

黔东南州融媒体中心始终把党性原则放在首位，认真学习和贯

彻落实州委、州政府决策部署，进一步深化新闻报道改革，在抓好日常宣传报道的同时，特别加强了对州委、州政府中心工作的主题策划和重点宣传，中心领导率队深入一线采访，综合运用融媒体传播手段，逐步适应分众化、差异化、多元化传播趋势，不断增强新闻报道的吸引力、亲和力和感染力。2019年1月至8月，报纸各版面发稿7200余条，电视各栏目发稿4500多条，广播各频率发稿2800多条，新媒体各平台发稿2.7万条。中心报送的新闻作品，在央视各频道（含移动端）播出106条次，在省台《新闻联播》等频道播出140余条次，人民网、新华网、学习强国、《贵州日报》、多彩贵州网等刊发转载中心新闻230余条，出色完成了各项宣传报道任务。

截至2019年9月，黔东南州融媒体中心生产的优秀新闻作品获贵州新闻奖的有7件，原报社第一党支部、原广播电视台第二党支部被评为支部规范化建设州直机关示范单位，其中原报社第一党支部还被评为州级党支部建设规范化建设示范单位。

## 三、存在的困难和问题

### （一）缺乏集中办公场地

原黔东南日报社和黔东南州广播电视台分属两地办公，无法满足中心整合发展需要。

### （二）广电大楼存在安全播出隐患

目前，原黔东南州广播电视台以及贵州广电网络黔东南分公司都还在凯里市财政局办公大楼办公。凯里市财政局属于窗口单位，平时人员进出频繁，不利于媒体安全管理，存在较大安全隐患和风险。

### （三）体制机制不活

由于薪酬制度、绩效考核机制比较僵化，不同程度上存在"干多干少一个样"、"干与不干一个样"、聘用职工与在编职工同工不同酬等问题。聘用职工收入低，优秀人才留不住、进不来，仅2017年以来原黔东南州广播电视台就有56名聘用人员辞职，其中30名为业务骨干，导致采编播专业技术人员紧缺、队伍不稳定。

### （四）运营经费困难

由于受新媒体冲击、广电有线网络资源上划造成创收收入下滑、财政投入不足等因素影响，原黔东南州广播电视台聘用人员工资待遇低，且工资、绩效、社保不能按时发放，办公经费紧张，难以维持正常运转；原黔东南日报社实现在编聘用人员同工同酬，能基本保障正常运转。总体来看，融媒体中心经费困难，无力承担"中央厨房"和相关配套设施建设费用，无力保障正常运营、实现可持续发展。

新形势下，必须多策并举、多策并施，全方位、立体化支持市（州）融媒体中心建设，推动市（州）媒体转型升级进一步向深度拓展、向广度延伸。一是加快研究支持市（州）级融媒体建设。2018年中央、贵州省先后出台了县级融媒体中心的指导意见和建设方案，为推动县级融媒体中心的发展起到了至关重要的作用。要从市（州）级融媒体的实际出发，加大政策、资金、项目等方面的支持力度，并对市（州）融媒体中心的性质等作初步规划：比如协调市（州）党委政府有关部门，在现有政策范围下，将市（州）级党媒定性为公益二类事业单位，实行事业性单位企业化管理；比如鼓励成立传媒集团，与融媒体中心实行两块牌子一套人马，进行有效管理，增强党媒的"造血"能力、经营实力等。二是重点支持"中央厨房"建设。"中央厨房"是媒体运行的内核。特别是面对"中央厨房"建设、运营经费不足的困难问题，无论从省级层面，还是市（州）级层面要重点给予经费支持。三是加强人才队伍建设。组织开展针对省、市（州）、县级媒体的人才培训，包括新闻采编、技术、经营管理等内容，全面提升媒体从业人员的素质，适应新时代新闻舆论工作的需求。

# 桐梓县：从"融合"到"融活"

2018 年 10 月，桐梓县融媒体中心建设被中宣部列为重点联系推动县。按照贵州省委宣传部提出的定时间表、定路线图、定工作量、定责任人"四定"和抓好场地、人员、机构改革、资金"四个落实"要求，融媒体中心建设启动以来，桐梓县坚持管建同步、管建并举，深化媒体机构、人事、财政、薪酬等方面改革，仅两个多月时间便顺利建成融媒体中心，并于 2019 年 1 月 4 日挂牌运行。全面实现了采访力量迁入融媒体中心率 100%，"中央厨房"建设率 100%，移动端首发率 100%，复合型、全媒体新闻采编人员占比 100%，接入多彩贵州宣传文化云新闻资源共建共享率 100%，通过深度融合整体转型，融出了干事创业的精气神，融出了改革发展新动力，融出了丰富多彩新产品。2019 年 1 月 20 日，贵州省县级融媒体中心建设现场会在桐梓县成功召开。

## 一、基本情况

桐梓是贵州省经济建设强县，2018 年 9 月，退出贫困县。2018 年度完成地区生产总值 172 亿元，财政总收入 15 亿元，一般公共预算收入 6.78 亿元，城镇常住居民人均可支配收入 29062 元，农村常住居民人均可支配收入 11952 元，全面小康实现程度达 97%。融合前，县级承担宣传功能的部门主要是宣传部下设的外宣中心和文广局下设的广播电视台。两家媒体分别在报网融合、视网融合方向做了一些尝试和探索，初有成效。但存在以下问题：一是资源分散，人力财力不能有效整合使用，造成行政成本浪费；二是两家媒体时度效标尺不同，宣传口径时有偏差；三是全媒体人才培养难度大；四是宣传项目编制渠道不畅，外宣中心未得到中央省市相关项目支撑；五是产业发展方向不明，可持续发展动力不足。

桐梓县仅用两个多月时间便顺利建成融媒体中心

## 二、总体思路

桐梓县融媒体中心建设的总体思路是：搭建党组领导下的事业法人治理结构，坚持正确的舆论导向，立足三大功能定位，重塑"娄山关"传播品牌，将现有电视、纸媒平台充分融合并转型升级，有效盘活县属媒体资源，打造区域性的新型主流媒体。同步逐步扩展壮大媒体产业，实现多元经营，不断提高社会效益和经济效益，确保国有资产的保值增值。

### 三、主要做法

**（一）强势推动，以改革发展的勇气先行先试**

一是多端发力。桐梓县委把推动媒体融合发展列入全面深化改革的重点工作，成立融媒体中心建设专项工作领导小组，县委书记、县长任双组长，建立联席会议制度，强化工作调度。原外宣中心和电视台班子全部免职，抽调精兵强将，组建筹建工作组，由县委宣传部部长担任组长。同时成立党支部加强党的领导。县委常委会专题研究并通过《桐梓县融媒体中心建设工作方案》，县委县政府以改革的胆识谋篇布局，研究支持融媒体中心发展的"一揽子"文件，在资金投入、产业发展、薪酬改革、资源划拨等方面给予明确的政策支持。贵州省委、遵义市委宣传部工作组多次到桐梓县指导。书记、县长多次率队现场办公，有力推动改革稳步向前。二是快融机构。将桐梓县委宣传部所属的县外宣中心、县文广新局主管的县广播电视台及县文广新局所属的县广电传媒公司分离出来，对报纸（内刊）、广播电视台、网站、新媒体等多种发布平台进行整合，组建融媒体中心，作为县委直属正科级公益一类全额拨款事业单位，归口县委宣传部领导和管理。县融媒体中心下设"融合传媒公司"，以原广电传媒公司为基础组建，负责经营业务工作。2018年12月底，全县主要新闻力量已100%迁入融媒体中心。三是加速转型。以加入贵州省广播电视台矩阵、加入重庆市网络电视联盟、对接上海直辖市帮扶遵义等为契机，立足三省资源，争取贵州、重庆、上海培训机会，3年内把中层干部分期分批进行集中培训、脱产培训、跟班培训。主动报名参加中广联、广电总局培训中心、中国传媒大学培训中心等商业培训班进行全媒体培训。同时，以中层干部为引领，采取学用结合的方式带领基层记者培训，在实战中"传、帮、带"。此外，开展网络培训，把"广播电视远程教育培训网"作为内部培训重要平台，所有采编人员的培训情况纳入年终考评。通过多轮头脑风暴、"走出去、引进来"、直播实战、轮岗学习等多种方式，倒逼员工转变观念、强化媒体融合理念、快速提升全媒体业务技能。复合型全媒体新闻采编人员达100%。

**（二）全力保障，以创新发展的锐气纵深推进改革**

一是配齐配强力量。批准融媒体中心设立党组，融媒体中心领导班子由原来的外宣中心仅有一正一副、电视台仅有台长一个副科级职位，拟升格增加为"两正三副"的配置。党组书记、融媒体中心主任1名，兼任宣传部副部长；总编辑1名；副主任3名。允许融媒体中心在原有45名编制的基础上，以购买社会服务的方式，增加15个岗位。下设采访部、编辑部、制作部、技术部、播控部、政务服务部、栏目广告部和办公室"七部一室"。打破干部职工身份界限，除特殊岗位外，采取全员竞争上岗、双向选择的方式进行全面优化组合，有的编制外优秀员工成为中层管理人员。二是加大财政投入。投入1700万元，用于县融媒体中心办公楼装修、平台建设、技术改造。目前，占地2200平方米的融媒体中心已装修完成，"中央厨房"及行政办公区于2018年12月底投入使用，专业设备区即将投入使用。5年内，县财政对融媒体中心的预算，每年按比例递增；并根据运营需要每年拨付专项资金，用于现有设备改造和技术升级。融合传媒公司创收的广告费和宣传费用于融媒体中心发展。在政策允许的条件下，优先考虑将相关公共文化服务项目交由县融合传媒公司负责。多渠道保障融媒体中心在基本运行、宣传报道、公共服务等方面所需经费。三是助推产业发展。"输血与造血"并行，提升县融媒体中心产业发展能力。政府有关部门将高铁站前广场等公共资源划归融媒体中心经营管理。县直机关部门及乡（镇、街道）专题片、宣传片拍摄制作等优先考虑由县融媒体中心承接。通过服务外包方式，将县内大型文化、体育、旅游活动、会展服务等交由县融合传媒公司承办。相关部门积极支持县融媒体中心拓展电商、互联网技术服务等产业，推动县级融媒体商业模式重构。四是大胆改革薪酬制度。在编人员奖励性绩效工资和目标考核奖，每年由县财政将资金整体切块划拨到县融媒体中心，由中心按照内部绩效考核办法进行二次分配。支持中心从融合传媒公司收入中安排适当比例发放超任务奖，作为绩效考核的一部分。中心在定岗定员定责和岗位评价的基础上，建立以岗位责任与工作业绩为依据的新的薪酬分配制度，打破编内人员和编外人员的身份差别，以岗定薪、岗变薪变、动态管理，实现员工身份管理向岗位管理的转变。这一改革举措极大地调动了干部职工的工作积极性，原创稿件增加近 1 倍。

**（三）强化功能，以转型升级的方略打通服务群众"最后一公里"**

习近平总书记强调，读者在哪里，受众在哪里，宣传报道的触角就要伸向哪里，宣传思想工作的着力点和落脚点就要放在哪里。桐梓县遵循互联网传播规律，紧紧围绕主流舆论阵地、综合服务平台、区域信息枢纽三大功能，根据中宣部融媒体中心建设规范有关要求，坚持移动优先，立足地域文化、深耕本地新闻，以"新闻＋"促进混合业态发展，切实打通宣传思想工作服务群众"最后一公里"，打造电视、广播、网站、客户端、微信、微博、平台号的"七位一体"融合传播平台，形成以"娄山关"为品牌的载体多样、渠道丰富、覆盖广泛的移动传播矩阵。2018 年，移动传播矩阵用户总量达 40 万人，阅读量达 5063 万人次。"娄山关"微信公众号进入全国区县级台微信公众号百强，稳居前 50 名，获评贵州省 2017 年度十大最具影响力媒体微信；"微微桐梓"微信公众号位列 2018 年度贵州省最具影响力市县级政务微信第二名。一是高效建成"中央厨房"。严格按照贵州省委宣传部技术规范要求，依托贵州广播电视台"动静云"系统，结合桐梓县实际，建成了集移动采编、内容管理、终端分发、传播效果分析等多功能于一体的智能指挥调度系统，实现在一个平台上完成所有媒体产品的内容加工、生产、发布和舆情分析。二是精细再造生产流程。明确分级管理权限，健全融媒体调度机制、一体化管理机制、移动端首发机制和传播力导向考核机制，推动采编流程节约化、数字化改造，实现主流舆论阵地"一次采集、多种生成、多元传播"。移动端首发率达 100%。三是深度拓展终端服务。按照综合信息服务平台、区域信息枢纽的定位，增强服务意识、强化用户理念，为桐梓群众量身打造独立客户端"娄山资讯"和微信公众号，聚合功能、精准传播。深度开发 APP 行政审批、志愿服务、便民服务等功能，深化全县信息资源的有效整合和共享服务，目前已开通 39 项生活服务功能，可申请办理 147 项行政业务。让"数据多跑路""群众少跑腿"，"新闻＋政务""新闻＋服务""新闻＋电商"的信息服务综合体初步形成。桐梓县融媒体中心负责人列席每周县政府常务会议，及时公开政府信息，并对群众关心的热点话题进行策划定题跟进报道。2019 年县政府 10 件民生实事面向网民征集意见，梳理了 589 条高质量的建议送审后，有 5 件列入了政府 10 件实事。四是凝聚融合发展力量。积极与上级媒体合作，构建起统筹内宣、外宣、网宣，融合传统媒体、新兴媒体、社会宣传资源的传播体系。凝聚起媒体融合发展的强大力量。五是活动引领多元传播。采用线上线下联动，形成强大活动影响力。创建融媒体粉丝团，建立粉丝队伍；开展有奖知识竞猜、传播力集赞送门票、送礼品、网络购物等互动活动；开设爆料系统，畅通群众问题反映渠道；一体策划大型活动，如春晚，"五彩桐梓云上尧龙""五彩桐梓云上杉坪"等乡村旅游节，"书香桐梓"朗诵比赛；以试点方式拓展建设文明实践中心，使之成为融媒体中心的线下门店，在蟠龙社区新时代文明实践中心结合志愿者服务，形成志愿者服务品牌。

桐梓县结合当地经济融合发展实际，把握群众实际需求，打造"七位一体"移动传播矩阵

## 四、下步打算

桐梓县在融媒体中心建设中作了可喜的阶段性探索。在桐梓的实践中可以体会到：思想融合是重要前提；体制机制创新是动力源泉；科学技术是有力支撑；人才培养是核心问题；薪酬改革是关键环节。在机构、管理、产业、薪酬等诸多方面，桐梓县也深感还有不少困惑和困难，需要在继续深化改革中深入探索解决。

下步工作中，桐梓县将认真贯彻落实中宣部和贵州省关于县级融媒体中心建设的有关文件精神、全国县级融媒体中心建设现场推进会精神和全国宣传部长会议精神，在贵州省委宣传部的指导下，以更坚定的信心、更超常的勇气，坚持正确政治方向、舆论导向、价值取向，打造全程媒体、全息媒体、全员媒体、全效媒体"四全"媒体，切实走出县级融媒体中心的改革路径，更好引导群众、服务群众，更好推动基层宣传思想文化工作强起来。

# 盘州市：从"矩变"到"巨变"

2018 年 8 月 21 日，习近平总书记在全国宣传思想工作会议上发表重要讲话，指出要扎实抓好县级融媒体中心建设，更好引导群众、服务群众，从国家战略层面提出了县级融媒体中心建设的发展方向。2018 年 10 月，盘州市被中宣部列为县级融媒体中心建设重点联系推动县。按照省、市（州）、县机构改革工作部署，盘州市委宣传部结合盘州实际，按照"四先"原则，先将机构融合、人员融合、思想融合、观念融合，制定了盘州融媒体中心建设具体的蓝图和时间表、路线图。细化了工作目标和具体任务，并于 2019 年 2 月 20 日建成挂牌运行。全面实现了采方力量迁入融媒体中心率 100%，"中央厨房"建设率 100%，移动端首发率 100%，复合型、全媒体新闻采编人员占比 100%，接入多彩贵州宣传文化云新闻资源共建共享率 100%。盘州市探寻"改变宣传矩阵促观念变、思想变、方式变、制度变、效果变"的"五变"工作模式实现了盘州融媒体中心建设从"矩变"到"巨变"的全新变化。

## 一、盘州市融媒体中心概况和建设思路

融合前，盘州市区域内主要有两家媒体，五个宣传平台，即盘州市广播电视台主办的广播、电视和微信公众号"盘州发布"，盘州市信息管理中心主办的内部刊物《盘州快讯》和微信公众号"盘州快讯"以及上传盘州政府网的新闻资讯，两家媒体分属党委和政府，机制体制都不同，存在诸多问题。一是同样的活动，两家都派

记者去，造成人财物等资源浪费。二是由于两家各自角度的不同，常会出现同一事件报道出不同声音。三是两家体制不同，全额拨款单位与差额拨款单位员工工资差距较大，影响差额拨款单位员工和体制外员工积极性。四是全额拨款单位的职工因机构限制不能评定专业技术职称，员工意见也很大。五是宣传管理渠道不畅，两家媒体单位的困难长期得不到解决。六是支持媒体发展的政策不明晰，两家媒体发展动力不足。

盘州市委、市政府以解决问题为导向，成立了以市委副书记为组长的融媒体中心建设领导小组，领导盘州市融媒体中心的各项改革工作。将原盘州市广播电视台、盘州市信息管理中心合并组建成盘州市融媒体中心，并于 2019 年 2 月 20 日挂牌成立。

融合后，盘州市融媒体中心为盘州市政府直属正科级事业单位，归口市委宣传部管理，目前领导职数为一正三副（一名主任、三名副主任），中心主任兼任市委宣传部副部长。中心设八个部室，分别是：办公室、全媒部、党务政务服务部、总编室、业务拓展部、技术部、播出部、盘州广播电视发射台。中心现有编制 78 个，在编人员 70 人，聘用人员 20 余人。

充分发挥"专业人做专业事"的原则，将原两家媒体的人员、宣传平台进行拆分、调整、整合变阵，现办有一个报刊、一个广播频率、一个电视频道、一个网站、一个官方微信公众号、一个 APP 客户端，新开设了一个官方微博号，一个官方抖音号，形成了"八位一体"新的宣传矩阵格局促进全中心的"矩变"。

## 二、主要做法

改革肯定要有突破、有创新、有变革。盘州市融媒体中心首先以改变宣传矩阵为龙头，促进中心自身内生动力的产生和变革，形成了全体员工变观念、变思想、变方式、变制度、变效果的"五变"工作模式。

### （一）变观念

变观念就是要改变过去妄自尊大、各自为政的旧观念。过去各家媒体做广播、做电视、做报纸，做了就做了，各做各的，从不问效果，容易造成资源浪费。当网络媒体、移动媒体迅速崛起对传统媒体海啸般冲击已成不争的事实时，传统媒体从业者还固守旧梦不愿醒来。改变观念就是要唤醒大家进入一种危机状态，激发内生动力。盘州市委宣传部采取"走出去、请进来"的方式，学习先进发达地区融媒体中心建设经验，先后派融媒体中心建设筹备小组到长兴、项城、成都等地考察学习，同时也请贵州广播电视台专业技术人员到盘州讲课和内部培训相结合的方式促进观念的转变。

### （二）变思想

变思想就是要改变自由涣散无所谓的思想，激发大家认识到只有团结一致向新媒体发力，做好内容生产才是当前的唯一出路。大家有了危机感、转变了思路，但还不能盲从，不能急不择路。还必须讲政治、顾大局，坚持守正创新、循序渐进的原则。从融媒体中心挂牌成立伊始，盘州市融媒体中心就多次组织全中心干部职工开展了《增强四力，更好完成宣传思想工作使命任务》《全媒时代，我们怎么当记者》《新媒体的编辑思维》等众多内容的学习培训。同时进一步贯彻落实好党的新闻宣传方针政策，宣传党的理论、路线和各项方针政策，把握新闻宣传基调，坚持正面宣传、坚持为全市经济社会发展提供舆论支持的基本工作要求，以加快融媒体中心职工的思想转变。

（三）变方式

变方式就是要改变过去慵懒散慢的宣传方式。过去，一条稿子快的早上采晚上发，慢的昨天采了今天发，甚至有拖了几天改个几日才发，新闻往往就成了旧闻，平台也拖成死平台。全媒时代，媒体大众化、新闻碎片化，媒体人必须适应"快、准、短、精"的宣传报道方式。盘州市融媒体中心以"中央厨房"建设为契机，坚持移动优先、先行开展采编流程再造、以主要新闻媒体为龙头，着力整合传媒资源，推动县域新闻宣传"一盘棋"。推动传统媒体和新兴媒体在内容、渠道、平台、经营、管理、服务等方面深度融合，打造"新闻＋政务＋服务"的全媒体服务格局，为全市群众提供优质政务服务。现已将盘州市信息管理中心主办的内部刊物《盘州快讯》以及"盘州快讯"微信公众号，盘州市广播电视台主办的电视频道、广播频率、"盘州发布"微信公众号、"盘州全媒"APP，"盘州市人民政府网"的网页内容编辑、新闻资讯、政务服务等进行整合。实现一次采集、多元生成、多渠道发布，将市情研判、新闻发现、新闻选题、多媒跟进、采编调度、新闻稿件、刊播联动、效果评估形成闭环，实现媒体资源共享、采编协同、多媒联动，强化工作统筹，发挥集体智慧，提高生产管理效率和质量，也解决了政务新媒体和融媒体中心信息同源的问题。

### （四）变制度

变制度就是要改变过去那些不利于促进新的生产方式的制度。方式变，制度就要变，没有一套与之相适应的激励制度，再优秀的生产方式都是短暂的。目前，为了调动干部职工的工作积极性，盘州市融媒体中心大胆改革，正在积极争取市委、市政府在财政和人员编制上的支持。中心在定岗定员定责和岗位评价的基础上，建立以岗位责任与工作业绩为依据的新的薪酬分配制度，打破编内人员和编外人员的身份差别，以岗定薪、岗变薪变、动态管理，实现员工身份管理向岗位管理的转变。

### （五）变效果

变效果就是有了以上四个变化后自然就有工作效果和业绩效果上的变化。

2019 年 6 月初，盘州人民广播电台 FM106.8"盘州之声"全新改版，实现全天候播出，自办节目 15 个小时，其中直播 6 个半小时，并已成功入驻"盘州全媒"APP 专区，实现广播与 APP 的融合。

由中心业务拓展部打造的《嚷直播》《寻找盘州之最》两档全新的栏目，在"盘州全媒"APP 移动端迅速蹿红。《嚷直播》栏目与交警部门合作开展了查酒驾直播，纪念五四运动 100 周年大型活动直播等，一个月的时间开展了八场直播，策划并设置了庆祝新中国成立 70 周年·五一快闪活动，阅览量达 1.6 万人次。

中心全媒部、党务政务服务部等多部门共同发力，通过八大平台的整合运营，截至 2019 年 5 月底，"盘州发布"微信公众号粉丝增加到近 12 万人，每个月平均增粉 1300 多人，在全国县级电视台微信百强榜中，4 月份排名第 17 位，2017—2018 年度连续两年在全省十大最具影响力媒体微信排行榜中排名第 6 位，在 2019 年第一季度全省媒体微信影响力排行榜中"盘州发布"排名第 7 位；盘州全媒 APP 粉丝 1.83 万人，两个月内增长 5528 人；创建于 2019 年 2 月 2 日的盘州官方抖音号，三个月不到拥有粉丝 1.7 万人，最高单条浏览量 1047 万人次，最高点赞量 8.9 万人次，总获赞量 22.9 万人次；官方微博"盘州全媒新闻"目前拥有粉丝 1471 人，微博阅读数 12.79 万人次。

融合后的盘州市融媒体中心办公环境也发生了崭新的变化，新办公区位于盘西新区，办公面积 4000 多平方米，装修等投入资金 1400 多万元。融媒体中心摄录、制作、播出设备、办公设备预算 810 万元。新办公区已接入贵州广播电视台"中央厨房"系统，并开展了相关业务培训，所有人员在新办公区运用新系统开始正常办公。"五变"工作模式的实施正助推盘州融媒体中心建设从"矩变"向"巨变"转化。

## 三、下步打算

媒体融合发展是一篇大文章。面对全球一张网，需要全国一盘棋。各级党委和政府要从政策、资金、人才等方面加大对媒体融合发展的支持力度。各级宣传管理部门要改革创新管理机制，配套落实政策措施，推动媒体融合朝着正确方向发展。

盘州市融媒体中心为市政府直属正科级事业单位，财政差额拨款，下一步要加大经营创收，建立激励和约束相结合的薪酬分配制度，提高自身"造血"功能，拓展好"新闻＋"，进一步探索媒体运营管理的先进方法和事业单位人员薪酬管理、绩效考核等方方面面。

　　盘州市融媒体中心是盘州全域内的新闻现场报道中枢，在做好全域新闻宣传咨询服务的基础上，积极开展将党务政务服务相关工作引入融媒体中心的服务平台，积极探索事业单位管理的改革进程等工作，目前通过手机客户端盘州全媒 APP，接入了盘州市人民政府网链接，同时，配置了贵州党建云盘州站点链接、盘州时讯数字报和盘州新闻（视频），开设了家乡情和惠民专栏，进一步拓宽了宣传渠道和服务功能。今后还需进一步开拓"新闻＋旅游＋电商等"业务，从传媒、文化、旅游、农特产品等方面着手，全力打造每周一直播，联动八大宣传矩阵齐发力。着实在做强地方舆论主阵地、综合服务平台、区域信息枢纽上狠下功夫。

# 修文县：按下"优化发展"加速键

修文县融媒体中心在原新闻中心的基础上，整合广播、电视、报纸、新媒体等功能，按照广播电视专业需求和媒体融合运行发展需要重新规划建设实施，既立足当前实际，又兼顾长远发展。融媒体中心总建筑面积约 3000 平方米，2018 年下半年完成主体建筑工程，2019 年 1 月启动专业装修和设备采购，除硬件建设和基础装修外，专业装修、设备采购、平台研发、节目提升总投入 1600 余万元。2019 年 3 月 26 日，修文县融媒体中心正式挂牌，新媒体和平面纸媒业务入驻新场地办公，"数智融媒"平台、"心修文"APP 新闻客户端投入运行；5 月 20 日完成电视跳接光纤及新闻栏目《今日看修文》改版提升，演播室及相关设备系统投入使用。

修文县融媒体中心"数智融媒"平台已全面投入使用

## 一、强化制度建设，规范互联网信息管理服务水平

修文县融媒体中心成立了以中心主任为组长，总编辑为副组长，八个科室负责人为成员的领导小组。同时，拟定《修文县融媒体中心总编辑负责制》《修文县融媒体中心信息发布审核制度》等近十个制度，从采、编、发进一步规范了互联网信息服务内容，提升了互联网信息服务管理水平。

## 二、提升政治站位，狠抓主体责任落实

近年来，县融媒体中心坚持提高新闻舆论传播力、引导力、影响力、公信力，宣传思想干部要不断掌握新知识、熟悉新领域、开拓新视野、增强本领能力，加强调查研究，不断增强"四力"，努力打造一支政治过硬、本领高强、求实创新、能打胜仗的宣传思想工作队伍。

一是政治理论学习。融媒体中心通过同一工作例会、干部职工大会、班子扩大会议、业务小组会等开展政治理论及业务工作等内容学习，进一步提升了干部职工的政治理论和业务水平。二是强化队伍建设。进一步增强采编队伍的脚力、眼力、脑力、笔力，组建融媒体报道专班深入乡镇社区一线，采写有温度、有泥土芬芳的新闻作品。报道专班深入一线策划采访，其中《修文县：专项扶贫资金提升贫困户发展"造血"功能》和《贵州修文"大木村的红色旅游热"》（首页推荐）被"学习强国"采用。三是做好正面舆论引导。目前通过融媒体中心平台已刊播刊发图文、视

频、H5、抖音等正能量稿件两万余条。

# 三、加强媒体矩阵建设，抢占主流舆论阵地

## （一）突出移动优先，强调内容为王

一是加强媒体矩阵建设，实现移动优先。修文融媒中心已建成"1+8+N"的媒体传播矩阵。开发完成"'数智融媒'中央厨房"，做到了一次采集、多元生成、多端发布、一键撤稿、新闻传播追溯的全媒体生产流程。建立八个传播平台：电视新闻栏目《今日看修文》、纸媒《当代修文》、新媒"心修文"微信公众号、"心修文"微网站、"心修文"微博、"心修文"APP新闻客户端、"心修文"抖音号、"心修文"头条号。融媒体中心还将根据媒体发展情况和县域新闻宣传需要，择时开通快手、一直播等N个新媒体传播平台。

目前，融媒中心已经实现了移动端首发。截至2019年9月10日，"心修文"APP更新新闻信息、公益广告、通讯、社论、访谈等，共发稿1900余条次，平台累计发稿24300余条次，同时还将更新上线"媒体＋政务""媒体＋服务""媒体＋电商""媒体＋民声"等特色栏目版块。

截至2019年9月10日，"心修文"微信公众订阅号更新新闻信息、通讯、访谈等推送180余期，发稿900余条次；累计推送720余期，发稿3600余条次。

截至2019年9月10日，"心修文"抖音号更新小视频30余个。抖音作品《修文县集中开工13个重大项目》阅读量33万＋、《县

委书记对话搬迁群众》阅读量近 30 万人次，已有多条次阅读量 10 万＋，阅读量突破 120 万人次。

电视宣传方面：截至 2019 年 9 月 10 日，内宣新闻报道完成《今日看修文》栏目播出新闻 193 期，共 950 余条次，同时还在 201 频道《新闻荟萃》栏目和贵州省广电网络平台《强县风采》栏目同步播出。发出了修文好声音；外宣新闻报道 150 余条次，其中贵阳电视台采用 120 余条次，头条 10 余条次。

平面媒体方面：截至 2019 年 9 月 10 日，《当代修文》报纸已刊发 34 期，策划新闻、专版、通讯、社论、访谈等 900 余条次，公告、公示、专题、专栏、主题标语、公益广告、免费刊登遗失启事等 60 余幅次。

新媒体方面：截至 2019 年 9 月 10 日，已在人民网、新浪网、多彩贵州网、贵阳网等网站、网页、手机 APP、微信订阅号等平台刊发各种类稿件信息 1000 余条次。其中有 20 余条次报道阅读量都在 10 万＋。其中两条被中宣部"学习强国"采用，1 条首页推荐。

修文县融媒体中心"数智融媒"平台已全面投入使用。总编辑可通过"数智融媒"PC 端实时了解新闻业务生产情况，掌握全媒体记者签到、报（派）题、稿件上传（包括图文和视频）、平台使用、信息发布等情况。全媒体记者可通过"数智融媒"移动端进行签到、报新闻选题和策划选题、上传新闻稿件（包括图文和视频）、视频通话以及视频连线直播等。新媒抖音作品"《县委书记对话搬迁群众》阅读量近 30 万人次"就是通过视频连线内容剪辑生成。"数智融媒"还实现了一键多平台推送和一键撤稿功能，最终将达到新闻传播追溯等功能。

拟与多彩贵州网合作，将"多彩宝"服务功能接入"心修文"手机 APP 新闻客户端，目前正在进行端口打通技术对接以及合作方案制订中。拟与贵州广电公司贵阳市分公司合作，将"心修文"手机 APP 新闻客户端内容在电视页面进行展示，不仅能阅读新闻、查看视频图片、主题宣传，还能进行用户交互、社情民意反映等，目前正在与市广电对接电视页面展示的图片设计制作。逐步占领主流舆论传播阵地，营造积极向上的舆论氛围，为县域经济社会发展鼓与呼，唱响修文好声音，讲好修文好故事。

二是抓好队伍建设，实现内容为王。整合县域宣传人才资源，组建主流媒体宣传队伍，通过系统全面的专业培训，提升专业技术能力和文化素质，淡化媒体界限，全媒体方式开展新闻宣传工作。突出"移动优先、内容为王"，从思想上强化"融媒体"的理念、提升媒体融合的能力，培养复合型、全媒体记者。

**（二）严把技术和人工审核关，确保信息发布安全**

一是技术审核。全媒体记者在"数字融媒"平台上撰稿时，首先进行 AI 智能分析及审核，对特殊字词、敏感话题、重要人名等进行预设审核。

二是严格执行三审三校制度，确保稿件源头安全。严格执行总编、编辑、记者三审三校制度，并在"数智融媒"后台进行留痕保护。同时，严格按照国家广电总局要求，做好电视节目安全播出。同时对手机 APP、微信公众号等移动端平台严格审核，对新闻信息的准确性、真实性和权威性进行巡查，确保不出现错漏、不实的新闻。

## 四、亟待解决的问题和困难

一是整合资源促进平台规范化。目前修文县融媒体中心领取了《互联网新闻信息服务许可证》，但《信息网络传播视听节目服务许可证》还未办理，将继续申领相关资质，让融媒体中心视听节目信息发布更加规范化。"心修文"APP 已完成改版提升，目前新闻资讯已经全面使用，但在"新闻＋政务""新闻＋服务""新闻＋电商"中还缺少内容，尚不能更好地提供便民服务。二是队伍建设。一方面，聘用人员工资收入低，相关保障不到位，对专业人才的引进和稳定使用有很大的制约；现有聘用人员也不安心、不稳定（年初聘用五人，已有两人通过招考调出）。另一方面，现有人员在开展融合采编特别是新媒体形态的业务方面，还有明显的不适应和差距。三是运营管理。通过到省内外进行考察学习，看到、学到了很多先进的经验和做法。但如何把这些经验、做法与本县实际相结合，找到适应修文现状的运营管理、考核薪酬模式，还得"摸着石头过河"，从探索逐步走向成熟。四是投入保障。县政府投入县融媒体中心的资金已达 1600 多万元（不含办公楼基础建设费），主要用于硬件建设、设备采购、专业装修。在融媒体中心电视频道包装和部分紧缺硬件采购、电视节目购买、内部文化形象打造等方面，还有明显的资金缺口。

修文县融媒体中心的工作还在探索中，将继续按照融建、融合、融洽、融通的建设标准，扎实推进后续运营管理，真正打造权威信息发布平台和便民服务平台，使其真正成为汇聚社情民意、联通党心民心的桥梁和纽带，让党的声音最大化地飞入寻常百姓家。

# 仁怀市：推进媒体融合　切实提升"四力"

2019 年以来，仁怀市融媒体中心紧跟时代发展步伐，以互联网思维为导向，先进技术为支撑，建立符合媒体融合趋势的体制机制为保障，整合电视、广播、报纸、网络、移动端媒体的信息、人力和智力资源，进行策采编审播发流程的全面再造，打造一次采集、多次生成、多元发布、多级放大、多渠道融合、多平台互动的新型融媒体中心，全面、深入、及时、准确地完成了各项新闻报道工作任务。

## 一、把准发展方向、推动纵深融合

按照中央和贵州省委关于县级融媒体中心建设的要求，仁怀市委、市政府高度重视，仁怀市委宣传部全力调度，仁怀市融媒体中心已按照省委宣传部关于机构、场地、人员、资金"四个落实"的总体要求，打造一次采集、多次生成、多元发布、多级放大、多渠道融合、多平台互动的新型融媒体中心。

仁怀市融媒体中心于 2019 年 2 月 20 日挂牌运行，截至 2019 年 9 月策采编审播发人员已经融合，重新制定了"三定"规定，实施了流程再造，"中央厨房"（指挥调度中心）建成役用；策采编审播发人员全部搬入"中央厨房"集体办公，整合优化了广播电视、报纸和新媒体平台。

仁怀市融媒体中心拥有"两台两报一网一微一端"（电视台、广播电台、《中国酒都报》、《仁怀手机报》、中国酒都网、微信公众号"今日仁怀"、新闻客户端"仁怀融媒"）七个主体宣传平台，并成功入驻央视移动新闻网、头条号、贵州广播电视台动静新闻客户端，开设了官方微博号、抖音号、快手号，在省级电视平台开设两个宣传窗口（新闻荟萃、旅游咨询平台），承办《中国酒都》杂志，牵头开展"云上讲习"直播工作。

## 二、坚持守正创新、强化指导支持

2019 年以来，仁怀市融媒体中心坚持正能量是总要求、管得住是硬道理、用得好是真本事，把媒体融合发展作为紧迫的事业抓紧抓好，打造内容优势，用好信息革命成果，不断增强宣传报道的引领力、传播力、影响力。深刻领会，自觉承担起举旗帜、聚民心、育新人、兴文化、展形象的光荣使命，做好正面宣传，壮大主流舆论，为地方经济社会发展作出更大贡献。

坚持以人民为中心的创作导向，深入生活、扎根人民，把提高质量作为文艺节目创作的生命线，不断推出讴歌党、讴歌祖国、讴歌人民、讴歌英雄的精品力作。努力在理念、内容、体裁、形式、方法、手段、业态、体制、机制九个方面大胆创新，大力加强新媒体建设，进一步增强县级融媒体中心的传播力、引导力、影响力和公信力。

认真总结梳理仁怀市融媒体中心节目设置编排、运营推广、技术保障等成功做法，摸索经验、形成模式、发挥优势；因地制宜创新体制机制，推动新闻信息与政务、服务紧密结合，注重端网速度、体现报台深度，多用照片、视频等人们喜爱的形式，在倾听百姓呼声、回应百姓关切中宣传引导群众；严格落实意识形态工作责任制，加强新闻工作者培训，切实增强脚力、眼力、脑力、笔力，打造一支政治过硬、本领高强、求实创新、能打胜仗的人才队伍，忠实践行新闻舆论工作48字职责使命。

仁怀市积极打造多级放大、多渠道融合、多平台互动的新型融媒体中心

## 三、坚持增强"四力"、打造"四全"媒体

2019 年是新中国成立 70 周年，是仁怀市决战决胜创文攻坚之年、决战决胜全员脱贫之年。2019 年以来，仁怀市融媒体中心重点

围绕市委、市政府中心工作，明晰报道重点，专栏系列齐发力，传统媒体与新媒体联动，为全市各项工作顺利开展营造了浓厚的舆论氛围。

紧紧围绕庆祝中华人民共和国成立70周年这条主线，积极开展增强"四力"教育实践活动。精心设计推出特别节目、文献专题片、电视剧、纪录片、微视频等，恢弘展现70年来党和人民砥砺奋进的奋斗史诗；采编记者深入群众、深入田间地头、深入生产建设一线，推出《壮丽70年　奋斗新时代——沿河行》等系列报道，用笔头和镜头讲好70年来酒都仁怀各行各业改革发展奋斗故事。

组织开展好"不忘初心、牢记使命"主题教育宣传报道工作，引导广大干部职工深入基层、深入群众、深入生活，努力创作出叫得响、传得开、留得下的优秀文艺作品。仁怀市融媒体中心成立专门报道组，在"两台两报一网一微一端"等平台开设《不忘初心　牢记使命》专栏，传达党中央关于主题教育的重要精神和决策部署，转载各地区各部门各单位解决突出问题、真抓实改的好经验、好做法，激励广大党员干部守初心、担使命、找差距、抓落实，为新时代党的历史使命努力奋斗。同时把开展"不忘初心、牢记使命"主题教育与抓好意识形态工作、开展脱贫攻坚结对帮扶对象走访等各项工作任务结合起来，把主题教育的精髓和决策宣传到群众当中。

此外，进一步加强对脱贫攻坚、创文巩卫、经济运行、深化改革、生态环境保护、酒旅融合发展、安全生产、防范化解重大风险等工作宣传的指导和调度，健全完善宣传方案，明确每个阶段重点，积极与相关职能部门沟通联系，强化舆论引导，切实掌握新闻宣传工作的主动权，为我市经济社会高质量发展保驾护航、营造氛围。

## 四、探索"新闻+"业务、提升传播影响力

仁怀市辖 20 个乡镇街道，县域人口 70 余万人。其中，传统端广播电视实现城乡全覆盖，受众覆盖率达 95% 以上，客户端、平台号、微博微信覆盖人数平均为 5 万人以上。从 2019 年 5 月 20 日起，各新媒体平台首发率达 100%，新闻时效性、及时性和影响力得到进一步提升。如 2019 年 4 月 24 日，仁怀市融媒体中心在抖音平台发布的"仁怀市人民法院公开审理刘锡勇等 16 名被告人涉黑案"播放量近 50 万人次；在新闻客户端"仁怀融媒"及微信公众号"今日仁怀"发布的"汪能科：遇见酱香便是一见钟情""仁怀美食上央视啦！霸屏 26 分钟！全国观众流口水"等点击观看量过万。

同时，仁怀市融媒体中心坚持移动优先原则，按照"媒体+"的理念，推进"媒体+政务""媒体+服务"，更好实现从单纯的新闻宣传向公共服务领域拓展，增强互动性，从单向传播向多元互动传播延伸，将媒体与政务、服务等业务相结合，提供多样化综合服务，满足用户多样化的需求，全力打造"主流舆论阵地、综合服务平台、社区信息枢纽"。以改版升级的新闻客户端"仁怀融媒"为核心平台，对接市党政部门及相关服务部门的信息服务平台，正在逐步实现"媒体+政务"和"媒体+服务"的目标。

经过一段时间探索，仁怀市融媒体中心建设积累了宝贵的经验，但也面临着亟待破解的"瓶颈"。一是人才"瓶颈"与激励问

题。二是信息资源难以整合接入。三是媒体融合技术仍存在"瓶颈"，有待破解。四是媒体影响力较弱，尚未形成权威声音。五是与上级主流媒体融合仍需对接和强化。接下来，要继续在以下五方面下功夫。

一是强化运营管理。继续推进传统媒体和新媒体在内容、渠道、技术、平台、经营管理等方面的深度融合。

二是加强队伍建设。不断创新机制体制，建立灵活实用的媒体管理机制。完善绩效考核制度和优进劣汰机制，创造想事干事、争创业绩的良好局面；采取"走出去"与"青进来"相结合、自学与互学相结合以及平面记者与电视广播记者"师带徒"的方式，加强新媒体业务培训；与组织及人社部门对接，积极引进高层次新媒体人才。

三是进一步提高宣传工作水平。坚持围绕中心、服务主线；坚持服务大局、突出重点；坚持关注发展、关注民生；坚持提高质量、增强深度。

四是拓展服务领域。积极对接市党政部门及相关服务部门的信息服务平台，逐步实现"媒体＋政务"和"媒体＋服务"的目标。

五是大力实施精品工程。不断推陈出新，办精办活栏目，加快实现"内容地方化、栏目个性化、节目精品化、制作专业化"，力争打造全国有影响力的县级品牌。

# 西秀区：抓实做好改革工作"三环节"

西秀区着眼巩固党的宣传思想阵地和意识形态阵地，"强化三个保障、抓好四个落实、推动五个融合"，扎实推进媒体深度融合发展。截至2019年9月，西秀区融媒体中心通过调整优化运作方式，融合发展初见成效。

## 一、优化设计，强化发展"三保障"

启动融媒体中心建设以来，西秀区委、区政府高度重视，建立保障机制，统筹谋划推进。一是组织保障。及时成立西秀区媒体融合深化改革工作领导小组，明确由区委书记、区长共同担任组长，7名区级领导担任副组长，15个区直部门的主要领导为成员。二是技术保障。在安顺市委宣传部的指导、支持和帮助下，积极主动对接省级主流媒体，与贵州省主要新闻单位签订了合作协议，为融媒体中心建设提供了技术支撑。三是制度保障。反复修改完善《西秀区新闻信息传媒中心深化改革暨西秀区融媒体中心建设工作方案》，经区委常委会议审议通过，探索建立绩效考核、全员聘用、薪酬分配等制度，为下一步建立适应融媒体规律的运营机制，规范用人薪酬管理制度做好准备。

## 二、强化统筹，做实工作"四落实"

西秀区把建设县级融媒体中心作为落实意识形态工作的重要内

容，广泛学习兄弟县（市、区）融媒体中心在市场化运作、创新管理等方面的好经验，于2019年5月下旬组织人员到重庆巫溪和潼南考察学习融媒体中心建设发展情况，进一步从组织架构、薪酬改革、制度建设等方面进行完善，努力探索全员聘用改革。7月18日，迎接贵州大学文学与传媒学院调研组一行，配合做好该学院调研县级融媒体中心建设相关课题；8月14日，迎接贵州广播电视台调研组一行。中心还根据工作实时运行情况积极完善相关的考核制度，积极稳妥推进各项重点任务。一是场地落实。利用原区新闻信息传媒中心1400余平方米的办公场地进行深度改扩建，打造指挥中心和"中央厨房"。以贵州省2019年上半年文化产业项目观摩会观摩点为契机，加快推进场地建设，3月10日完成指挥中心、"中央厨房"建设并投入运行。二是人员落实。充分利用现有人才队伍，按照融入融合、先行先试的要求，把原区新闻信息传媒中心、区互联网舆情研究中心、区委外宣办、西秀手机报等人力资源进行整合，提前集中统一办公、统一调度管理。三是机改落实。区级机构改革已明确将区新闻信息传媒中心更名为区融媒体中心，为区委直属事业单位；拟定了《西秀区融媒体中心职能配置、内设机构和人员编制规定》，领导职数拟设2正3副，内设8个室。四是资金落实。本着高标准、全功能的原则，区委、区政府投入260.9万元用于融媒体中心办公场地改扩建、指挥中心和"中央厨房"建设。

## 三、狠抓研究，改革创新"五融合"

立足于融出干事创业的精气神、融出改革发展的新动力、融出丰富多彩的新产品，着力抓好"五个融合"。一是空间融合。对现有办公场地进行合理调整，将一楼办公区域整体规划为融媒体中心。同时，对原有办公场地、空间和设备进行重新规划与配置，把原有的大记者室改造成融媒体指挥中心，在演播间区域增设导播间；打通二楼两个小会议室改建为大型会议室，设置洽谈室等。二是格局融合。充分整合现有内、外、网宣各类媒体资源，形成有形阵地和无形阵地相贯通、网上与网下相叠加的舆论传播局面。2018年，西秀区在中央、省级 19 家主流媒体发稿 5570 条次，发稿量连续四个季度位列全市第一。积极推动形成全区新媒体"统一战线"，目前已登记政务微信 46 个、政务微博 7 个，进一步强化对区域内自媒体平台的监管，抓牢网上舆论主动权。三是机制融合。广泛学习兄弟县（市、区）融媒体中心在市场化运作、创新管理等方面的好经验，充分借鉴西秀产业园区全员聘用改革的成功经验，拟在融媒体中心实行全员聘用制度。把融媒体中心和新时代文明实践中心建设通盘考虑，依托融媒体中心技术和传播平台，推动实现文明实践活动线上线下同频共振。四是平台融合。用好"西秀发布""西秀新闻""文明西秀"、开通"西秀大城小事"微博、今日头条、抖音、腾讯微视等新媒体平台，努力夯实融合传播基础。如按照"移动端首发"的要求，将西秀棚改及拆违工作的报道第一时间发布在今日头条、抖音等平台，引起网友关注和点赞。抖音短视频《西秀区大水沟村"豪华"违建别墅，依法强拆！》，短短三小时获得 21.8 万点赞。五是功能融合。推进电视新闻、新媒体宣传、音视频（平面）设计制作、广告设计制作发布、大型活动策划、主持人服务等资源优势，和最大化整合延伸服务触角。依托"动静贵州·西秀版块"，完善融媒体中心功能设置，持续搭建"主流平台""服务平台""信息平台"，强化快递服务、违章查询、电费收缴等便民服务功能，更好地引导群众、服务群众。

## 四、明确方向，打准融合"组合拳"

一是优化采编流程，工作运行加速换挡。区融媒体中心人员主要由原区传媒中心、区委外宣办、区互联网舆情研究中心等人员构成，含 25 名事业编制、21 名购买社会服务人员及 1 名临聘人员。中心内部按照"四全媒体"要求，搭建起一体化的采编中心，采编人员合署办公，实行"扁平化"管理，拟定《西秀区融媒体中心新闻策划制度》，逐步实现新闻信息"一次采集、多元生成、多渠道传播"，有效提升工作效能。二是丰富平台阵地，实现移动端首发。当前，区融媒体中心利用电视《西秀新闻》、《西秀手机报》、"西秀大城小事"微博、今日头条、抖音、腾讯微视等媒体平台，积极构建新型舆论阵地，目前中心所有新闻均实现"移动端首发"，且按要求将数据接入"多彩云"。截至 2019 年 3 月，编播电视《西秀新闻》207 期、1202 条次，编辑发送《西秀手机报》105 期、1575 条次。三是整合媒体资源，宣传效应不断扩大。以融媒体中心为窗口，充分整合内、外、网宣媒体资源，加强与中央、省、市级主流媒体的联动。中心记者独立采写的稿件被中央、省、市级电视媒体采用的新闻稿件数量和质量大幅提升，并选择优良稿件向上推送。2019 年 1—8 月，在中央电视台播出 9 条次、被学习强国平台采用 21 条次、在贵州电视台播出 56 条次、在安顺电视台播出 132 条次；19 家中央级主流媒体累计发稿 3000 余条（篇）次，出专版 30 个。四是打造综合平台，延伸服务引导群众。依托"动静贵州·西秀版块"和"天眼新闻·西秀版"，完善融媒体中心便民利民服务功能设置。现已将新时代文明实践中心、"扫黑除恶"违法举报和"我的安顺"便民服务小程序融入自主建设的"西秀新闻"微信公众号；同时，录制"扫黑除恶"音频资料发放到村（社区）；积极参与"2019 年安全生产月宣传演出""第二届创新创业大赛""全区抗洪抢险应急救援演练"等主持人服务活动，为探索"媒体 + 政务 + 服务"奠定了基础。

始于谋划改革，终于优化发展，这套环环相扣、层层落实的工作法使得融媒体中心"优化发展"效率大大提高。工作有部署，实施靠落实，西秀区融媒体中心在全力推进优化发展工作中，通过扎实做好改革工作"三环节"，不仅做到结合实际落实工作，更竭力做到创新融合，不断发展。但当前在工作中仍存在优质原创内容不足、传播技术短板明显、全媒体人才稀缺等一些问题。下一步，西秀区将结合实际，在"抓建设、抓流程、抓内容、抓人才、抓考核"上下功夫，不断探索县级融媒体中心更好服务群众、引导群众、宣传群众、凝聚群众的有效路径，加快推进深度融合，不断提升新闻舆论工作质量水平，更好地肩负起举旗帜、聚民心、育新人、兴文化、展形象的使命任务。

# 纳雍县：以"融"为先　以"建"为本

2018 年 10 月 29 日，纳雍县委常委会研究通过纳雍县融媒体中心建设方案，落实场地，解决建设资金。11 月 2 日，纳雍县与原当代贵州期刊传媒集团达成媒体共建协议，随即开展规划建设工作。2019 年 2 月，纳雍县融媒体中心正式挂牌成立。

## 一、基本情况

### （一）硬件建设情况

同步推进媒体"中央厨房"、广播电台直播厅、电视演播厅、内外简单装修等各项建设，2 月 1 日，硬件建设基本完成，中心人员入驻办公，比贵州省要求的时间提前了近两个月。

### （二）内设机构情况

纳雍县融媒体中心共九个内设机构，分别为办公室、调度中心、采访中心、编辑中心、新媒体部、电视部、广播部、报刊部、技术部，即"一办三中心五部"。班子职数设一正四副，人员已配齐，实有员工 57 名。

### （三）软件建设情况

一是积极推进全媒体队伍建设，组织管理和业务人员先后五次到贵州日报当代融媒体集团、贵州广播电视台、多彩贵州网、桐梓县考察学习；邀请当代贵州业务骨干到中心全员培训 6 次；针对乡镇和部门业务骨干开展培训 2 次。通过培训，开阔了眼界，提升了业务能力。二是抓实"天目云"系统运用。"天目云"系统是信息采集、编辑、制作、审核、发布的一体化管理系统，通过一个多月来的熟悉磨合，中心人员皆能熟练操作，实现素材一次采集、分类提取编辑、信息多元发布的效果。三是新建多个信息发布平台。新建广播电台，目前已完善程序和调试设备并已开播；新建"珙桐纳雍"APP，努力打造集新闻信息、党政交流、社会服务为一体的掌上服务站；新注册了融媒体中心的抖音号、微博号、头条号等新媒体平台，扩大传播面。

## 二、主要做法

### （一）以"融"为先，高位谋划，解决融什么的问题

一是"融"思想，全面强力推进。要让融媒体中心"立"起来，统一思想是根本，快速作为是关键。2018年10月19日贵州省县级媒体融合大会召开后，通过及时传达学习会议精神，全县上下统一了思想认识，提高了政治站位。10月29日，县委常委会通过《纳雍县融媒体中心建设方案》，成立县委书记、县长任双组长的融媒体建设工作领导小组，落实场地、资金、人员等"三定"工作。融媒体中心办公面积2600平方米。在中心建设期间，纳雍县以"派出去"学习考察和"请进来"现场教学的方式，培训300余人次，吸收借鉴各地融媒体改革先进经验做法，并以最快速度和当代贵州达成媒体共建合作，及时组织召开由财政、审计、政务中心等部门人员参加的联席会议，专题研究采购服务等相关事宜，简化程序，加快建设进度，节约建设经费。二是"融"资源，打破机构藩篱。融合机构，撤销县所属的媒体单位，组建新的融媒体中心，

实现媒体机构和新闻资源的全面融合。融合平台，将纳雍电视台，纳雍县广播电台，《纳雍报》、《珙桐纳雍》杂志，各类新媒体全部融合，所有新闻业务全部并入融媒体中心，有效整合信息生产和管理功能，打造综合技术平台。三是"融"技术，再造采编流程。依托贵州日报当代融媒体集团"天目云"系统，将报纸、电视、电台、APP、微信公众号等采编发新闻生产流程规范为一套新闻生产流程。将新闻发现、新闻选题、多媒跟进、采编调度、新闻稿件、刊播联动、效果评价连成闭环，实现了媒体资源共享、采编协同、多媒联动，有利于加强工作统筹，发挥集体智慧，提高生产管理质量。

**（二）以"建"为本，强化保障，解决怎么"融"的问题**

一是抓节点，落实机构经费。重塑媒体机构，成立纳雍县融媒体中心，为县委直属正科级事业单位，归口县委宣传部领导和管理。下设"一办三中心、五部一公司"，即办公室，调度中心、采访中心、编辑中心，新媒体部、电视部、广播部、报刊部、网络部，鸽子花文化传媒公司。坚持移动优先原则，既守好党媒属性不变、价值取向不变、人才导向不变，又力求创新发展走市场化路线，实现事业管理、企业运作。融媒体中心设置编制 57 人，拟对引进人才给予政策倾斜，落实高端人才一事一议，实施机关干部与媒体骨干双向交流，力争人才管理科学化、系统化和规范化。落实资金 400 万元，打造"中央厨房"，新建纳雍县广播电台，抓实硬件保障。二是抓统筹，实施政策倾斜，强化项目支持。将一楼临街门面划归鸽子花文化传媒公司，支持政府购买服务的文化、体育、旅游活动，节日氛围营造、专题片等由融媒体中心承接。落实协作保障。鼓励乡镇和部门与融媒体中心就农事等活动开展"一条龙"策划包装、搭台演出、广告合作；鼓励与部门、乡镇合作推出购物节、车博会、服装博览会、电器博览会等活动。鼓励商业合作，就智慧小区建设、电商平台建设、网络服务等与市场商家和技术企业战略合作，推动媒体快速、持续、良性发展。三是抓改革，采取绩效激励。探索人才晋升机制，实行管理和业务骨干双轨提升通道，对于业务能力较强的人员，往职称评定方向培养；对于统筹能力较强的人员，往管理创新方向培养。探索实行二次考核绩效分配，在编人员绩效工资和目标考核奖整体划拨到融媒体中心，科学量化、全面考核后再次分配。融媒体中心争取将传媒公司收入按合适的比例，作为绩效考核奖的一部分，实行量化考核、多劳多得原则发放。探索打破编制内外人员身份差别，实行按岗定薪、同岗同酬、岗变薪变、动态管理，逐步建立注重能力、注重实绩、坚持标准、保证质量的分配激励机制。

## 三、经验成效

实现一体策划、一次采集、多种生成、多元传播、移动首发的效果。

### （一）重内容，初步实现移动优先

注重报纸和电视媒体的打造。时至今日，民众仍把报纸、电视栏目视为最可信赖的信息源，我县持续打造电视栏目和报纸，并将调整优化《纳雍报》的版块设置和出版数量，更契合群众阅读需求。注重原创作品，"珙桐纳雍"微信公众号注册以来，原创率

98％以上，除非特别要求，一般极少转载，为受众提供了大量第一手信息资源。注重价值信息传播，在新媒体时代，信息爆炸带来的信息过度，让受众渴求高质量、有价值的新闻。"珙桐纳雍"微信公众号发布的《马二哥说纳雍》等多篇稿件获得10万人次以上点击量，近年来《纳雍报》记者周春荣在《贵州日报》刊发整版文章10多版，纳雍电视台采播的《贵州纳雍八万亩樱桃花竞相绽放　游人如织》被央视及省级多家媒体采用，经过微信、微博、抖音等移动新媒广泛传播，获得广大读者赞誉。只有坚持做高质量的传播者，才能立足并获得更好的发展。移动优先是关键。注重体制机制建设，在机构设置中，将调度中心、采访中心、编辑中心三大版块纳入媒体"中央厨房"，推动全媒体采访、全媒体编辑、全媒体播发的融合。设置新媒体部和网络部，充实移动端人员力量。注重移动平台搭建，不断强化互联网思维，大力推进移动新媒体平台建设。目前，以微信公众号"珙桐纳雍"APP平台吸纳珙桐在线、珙桐影像、文旅纳雍、鸽子花城、纳雍生活通等微信公众号，注册纳雍县融媒体中心抖音号、新浪微博号和今日头条号，全力打造中心媒体移动平台。电视、电台、报纸、新媒体从调度、采访、制作到播发，全程注重融合，各类信息移动端首发率达100％。

**（二）重市场，着力服务群众**

面向市场大潮，探索走入市场，设置鸽子花文化传媒公司，为中心下设企业，开展媒体服务、广告服务、文艺服务、文化交流等业务，提供"媒体＋会展""媒体＋活动""媒体＋策划"等模式，鼓励支持媒体开展各类群众性文化、体育、科普、公益活动，开展各类商务、会展、节庆活动，打通线上线下、提升"造血"功能。

聚焦为民服务，积极协调自来水公司、供电局、文广局、电商办、电信公司等部门，探索"新闻＋政务""新闻＋服务""新闻＋文化""新闻＋电商"的运行模式，大力拓展新闻单位服务群众功能。在"珙桐纳雍"APP和政府网开发政务频道、便民频道，为群众提供网上信息查询、政策咨询、申报审批、自助办事、问题建议等一站式服务，融合各方信息资源，积极建设"网上政府"，让信息多跑腿，让群众少跑路。

**（三）重传播，形成多级联动**

对外开展媒体合作，纳雍县融媒体中心和当代贵州开展战略合作，开启"媒体合伙人"模式，和新华社等3家中央和省媒体围绕中心工作、热点事件开展上下联动，特别是通过建立合作直播、主题宣传等方式，扩大传播范围，提升对外宣传能力。对内延伸新闻末梢神经，将通讯员队伍建设到村到组，目前，已建立村组通讯站，极大扩充新闻触角，获取更多新闻线索。如猪场乡新春村在溶洞里开办运动会的新闻选题，就是我们的村级通讯员提供的新闻线索，如此鲜活的新闻素材，正是群众喜闻乐见的新闻产品。通过对外合作、对内延伸，形成多级联动，扩大了传播面，提升了传播能力。

下一步，纳雍县融媒体中心将扎实抓好县级融媒体中心建设，更好引导群众、服务群众，继续努力，持之以恒，加大探索实践力度，全力推进融媒体中心运营工作，夯实和巩固宣传思想阵地。

# 石阡县："三强三优三广"系统建设

拥抱新时代，唱响主旋律。为深入学习贯彻习近平总书记在全国宣传思想工作会议上关于"要扎实抓好县级融媒体中心建设，更好引导群众、服务群众"的指示精神，按照中央、省委、市委加快推进县级融媒体中心建设的有关部署和要求，石阡县融媒体中心在新华社，省、市宣传部的关心帮助下，以"节约、先进、实用"原则，从 2018 年 11 月 5 日开工至 2018 年 12 月 20 日建成试运行，仅用短短 45 天，并于 2019 年 3 月 26 日挂牌正式运行。

## 一、基本情况

石阡县位于贵州省东北部、铜仁市西南部，国土面积为 2173 平方公里，森林覆盖率达 67.78%，总人口 46 万人，仡佬、侗、苗、土家等 12 个少数民族占总人口的 74%，是国家重点生态功能区、国家生态保护与建设示范县、国家生态文明建设示范工程试点县和多民族聚居区，是贵州省 66 个贫困县之一，2010 年被列入国家级新阶段扶贫开发重点县。

早在 2015 年，石阡县先行先试，将县级承担宣传功能的对外宣传中心和县广播电视台进行整合，人员编制和电视、报纸、网站、微信等媒体平台也随之整合，成立石阡县广播电视台（县新闻传媒中心）。人员集中，方便统一指挥调度和管理；平台聚集，宣传效果明显增强。但存在以下问题：一是平台搭建不齐，没有快速生产新闻的媒体平台，更没有适应当前新媒体传播的手机移动端平台，无法在时间上和空间上抢占主流舆论阵地；二是媒体整合后，人员、平台未实现真正融合，各平台运行都各是一套人马，传播方式也各不相同，费时费力，效果较分散；三是体制机制不活，不能更好地激发员工的积极性；四是产业发展效益不佳，虽成立有小微企业，但业务单一、范围较窄、收效甚微。

石阡县充分用好移动直播设备构建新的融合发展体系

## 二、总体思路

坚持党管媒体原则，紧扣主流舆论阵地、综合服务、区域信息枢纽三大功能目标，全面推进媒体体制机制和薪酬制度改革，快速打造全媒体复合型人才队伍，有效融合广播、电视、报纸、网站、微信等媒体平台，增加手机 APP 客户端和现场云平台，大力实施移动优先战略，抢占主流舆论阵地。构建"新闻＋政务＋服务"发展模式，组建国有企业，拓展服务功能，发展壮大媒体产业，让新闻、服务、产业"三驾马车"齐头并进、融合发展。

## 三、建设内容

建设内容分为两部分。硬件部分：石阡县融媒体指挥中心物理空间加固改造、指挥中心大屏及办公配套设备设施、指挥中心扩展、采编设备等。软件部分：石阡县融媒体平台、"今石阡"APP客户端、现场云使用平台、100 兆网络专线接入、新旧机房连接等。建设共投入资金近 255 万元，其中新华社帮助费用 89.48 万元，贵州省委宣传部划拨 95 万元，县级筹资 70 万元。

## 四、主要做法

### （一）以"三强"为保障，推动中心建设提质增速

1. 强组织保障。2018 年 10 月 15 日，新华社党组书记、社长蔡名照到石阡县实地调研，提出把石阡县融媒体中心建设纳入新华社"宣传扶贫"重点项目，打造成贵州省县级融媒体中心示范点和可复制的样板。石阡县以此为契机，迅速成立了以县委书记、县长为组长的石阡县融媒体中心建设工作领导小组，下设中心建设、机构改革、中心运行三个工作组，组长分别由县委副书记、组织部部

长、宣传部部长担任，各工作组紧扣职责逐项抓落实，建立了联席会议制度，定期调研会商，全力为中心建成提供组织保障。

2. 强技术支撑。新华社出台了《新华社县级融媒体中心建设整体服务方案》，从新闻供稿、技术平台、推广渠道、人才培训等四个方面作出了翔实策划，并五次组织专家团队实地就硬件建设、软件开发、人员培训等方面进行实地调研指导，进一步明确了新华社、新华移动传媒股份有限公司等十名技术骨干具体负责指导石阡县融媒体中心建设。

3. 强责任压实。按照《石阡县融媒体中心建设方案》，明确了建设内容和时间节点，新华社新闻信息中心、新媒体中心、技术局、贵州分社、浙江新华移动传媒股份有限公司、石阡县紧扣各自工作职责职能，盯紧盯牢时间表、任务书，协同配合、倒排工期、抢抓进度，为中心快速建成打下了坚实基础。

**（二）以"三优"为核心，推动中心运行降本增效**

1. 优人才培训。采取"走出去、请进来"和纵横三重培训学习模式。目前，已先后选派十余名骨干到新华社、浙江新华移动传媒股份有限公司、多彩贵州网等单位进行专题学习培训；邀请新华社等专家、学者来石阡开展专题培训五次、培训 300 余人次；学成归来的人员深入县直各部门、乡镇（街道）开展融媒体运用专题培训 40 余场、培训了 700 余人次。目前，全县有现场云通讯员 400 余名。

2. 优运行模式。按照移动优先，现场云首发的原则，构建了"一体策划、一次采集、多种生成、多元发布、一端汇聚"的融合发展体系。在石阡广播、石阡电视、《石阡报》、微石阡、石阡新闻网的基础上，增加了新华社现场云、"今石阡"APP客户端、石阡广播电视台抖音号等宣传平台，对人员、平台进行深度融合，构建新的融合发展体系，并将所有的平台最终汇聚在"今石阡"APP客户端，抢占手机移动端，全面提高了新闻生产效率，大大降低了生产成本。同时，对部分报道进行深度加工，主要以短视频和抖音的形式，全方位、多形式增加了内容的丰富性，让党的声音、国家的政策、社会的正能量等报道及时传递到千家万户，传递到每一个人，更好地发挥主流舆论阵地作用。目前，每天在"今石阡"APP客户端汇聚的各类报道达50多条，浏览量多数都在1万人次以上，有的多达10万人次以上，"今石阡"APP客户端下载量12000多人次，使用人数正在稳步增长中。

3.优体制机制。根据贵州省、铜仁市关于融媒体中心建设要求，石阡县融媒体中心正常运转需要80人，其中事业编制数42名（现有编制数42名），由政府购买服务，以公司招聘增加合同制人员38名。设领导职数6名（两正四副）：主任1名（法人代表，正科级，由县委宣传部副部长兼任融媒体中心主任），总编辑1名（正科级），副主任2名（副科级），副总编辑2名（副科级）。内设办公室、总编室、记者部、编发部、外宣部、技术部、网信部、民生服务部8个部室，各部（室）设正、副主任各1名。探索薪酬分配制度改革，按照"分类管理、科学设岗、以岗定薪、统筹兼顾、明确职责"的总体要求，在定岗定员定责的基础上，建立以岗位责任与工作业绩为依据的薪酬分配制度，在优化薪酬分配方式的同时，适当拉开岗位及其绩效薪酬分配档次，提高从业人员的积极性和主动性。探索组建国有企业，承接各类盈利性文化

石阡县融媒体中心积极整合九大平台打造新型传播矩阵

活动，盈利资金用于维护中心运转，打破政府包保模式，减少财力负担。

**（三）以"三广"为目标，推动中心建设转型升级**

1.广平台搭建。以借船出海、借梯登高的方式，将客户端二维码、网址链接嵌入新华社客户端、现场云、央视新闻移动网等平台，受众可在相关平台了解石阡有关信息。同时，新华社编辑部可根据现场云、客户端获取信息，经编辑加工后爆款推出。其中，推出的石阡农特产品《这礼，我还真收定了！》阅读量超 10 万人次，评论达 2456 条；现场云直播《贵州石阡 35 对"鸳鸯"情定五德桃园》浏览量当天达到 10 万人次以上；央视新闻移动网推出《贵州石阡：甘溪乡干群同唱"我和我的祖国"》快闪浏览量达到了 60 万人次以上。

2. 广宣传覆盖。广泛链接县属各单位"两微一端"平台，实现信息矩阵宣传、多元传播，目前部分县直部门微信公众号已入驻，19个乡镇（街道）微信公众号已全部入驻。同时掌控好覆盖全县各级各部门的400余名现场云通讯员，层层教学培训，引导更多人成为"媒体人"，有效提升宣传覆盖面和群众参与度，形成了"要我宣传"为"我要宣传"的大格局，营造良好的宣传氛围。

3. 广功能运用。广泛拓展综合服务功能，从之前单一做新闻转变为"新闻＋政务＋民生＋服务"，在"今石阡"APP客户端增加服务功能。将全县各部门在网上自主开展的民生服务，全部链接到"今石阡"APP客户端服务版块，同步实现网上服务功能。目前，能够实现的行政服务和生活服务共35项，其中行政服务包括政务服务、车辆违章、公积金、学历证书等查询及侵权盗版、诈骗电话举报等20项；生活服务包括缴纳水电费、出行购飞机和火车票、酒店预订等15项。同时，还及时发布天气、道路通行、招聘、寻人启事等信息，为全县人民提供更多方便快捷的服务。

目前，石阡县融媒体中心通过创新探索"三强三优三广"建设运行机制，全面实现了采访力量迁入融媒体中心率100%，"中央厨房"建设率100%，移动端首发率100%，复合型、全媒体新闻采编人员占比100%，接入多彩贵州宣传文化云新闻资源共建共享率100%，初步形成立体化、广覆盖、强效果的传播格局，成为可复制、可推广的典型，彰显了主流舆论阵地、综合服务平台和区域信息枢纽作用，提升了县级媒体的传播力、公信力、影响力、引导力和服务能力。

石阡县融媒体中心建设、运行模式被全国百余家媒体相继报道，迎来省内外多家兄弟县（市、区）同行参观交流。2019 年 5 月还荣获新华社"现场云优秀融合奖"（贵州省唯一获奖单位）。石阡县融媒体中心的改革成功经验曾多次在省、市融媒体建设工作推进会上做交流发言，并在贵州省、铜仁市作为改革交流案例推广。

## 五、下步打算

一是加快完善体制机制改革，采取政府购买服务的方式招聘专业人才。二是加快推进薪酬制度改革落细落实，充分调动员工的工作积极性和主动性。三是加大员工培训力度，快速打造一支全媒体复合型人才队伍，加大内容生产，强化质量优先，进一步提升主流媒体的影响力和公信力。四是加强与部门沟通协调，进一步完善"新闻＋服务"功能，为广大群众提供更多方便快捷的服务。五是在原来小微企业基础上快速组建国有企业，拓展经营范围，提高企业效益，保障中心正常运行，减少政府财政支出。六是延伸社区服务功能，以石阡县平阳社区易地扶贫搬迁安置点为试点，打造可视化、智慧型社区平台，进一步提升社区治理和服务能力。

# 台江县：加快"融"步伐　唱响主旋律

2018年10月，台江被列为融媒体中心建设省级重点支持县。贵州省启动县级融媒体中心建设以来，台江县按照贵州省委、黔东南州委对融媒体中心建设的部署要求，坚持实用为先，融合为本，扎实抓好县级融媒体中心建设，于2019年3月22日正式挂牌成立，打通了媒体引导群众、服务群众"最后一公里"。

## 一、落实组织保障，在思想上实现融合

一是县委重视到位。台江县委高度重视县级融媒体中心建设，县委常委会五次学习和研究落实全国、贵州省宣传思想工作会和宣传部长会以及全省媒体融合发展工作会及现场推进会精神，两次专题研究县级融媒体中心建设事宜，研究下发《台江县推动媒体融合发展建立融媒体中心建设方案》，提出要从夯实执政基础的政治高度，抓住台江作为全省融媒体中心建设重点支持县市的契机，进一步统一思想、重点保障，把融媒体中心建成主流舆论阵地、综合服务平台、区域信息枢纽，更好引导群众、服务群众。二是组织领导到位。成立以县委书记、县长为双组长，县委副书记，县委常委、常务副县长，县委常委、宣传部部长为副组长，县委办、县政府办等17家单位主要负责同志为成员的县融媒体中心建设工作领导小组，多次研究县级融媒体中心推进建设中的重大事项。三是经费保障到位。县级财政两批次保障经费210万元，专项用于融媒体各项建设。同时，为融媒体中心解决新闻采访车等必要交通工具。

## 二、落实机构人员，在运行上实现融合

一是明确机构。在机构改革之前，台江按照"对上保留、对内统筹"原则将县委宣传部外宣办、新闻管理办、互联网中心与县广播电视台进行有效整合，组建成"台江县新闻宣传中心"，为县级融媒体中心建设打下了坚实的基础。机构改革之后，根据《中共黔东南州委办公室、黔东南州人民政府办公室关于转发〈台江县机构改革方案〉的通知》《中共台江县委、台江县人民政府关于台江县县级机构改革的实施意见》，将县广播电视台更名为台江县融媒体中心，是县委直属事业单位，为正科级，归口县委宣传部管理，共有事业编制 16 名，设主任 1 名（兼任县委宣传部副部长），副主任 3 名，股级领导职数 6 名，中心下设办公室、编辑部、记者部、技术部、播音部、运营部 6 个股室。同时，中心成立下属金丝传媒公司，负责对外营运业务。2019 年 7 月，根据中共黔东南州委机构编制委员会办公室《关于台江县融媒体中心加挂牌子的批复》（黔东南编办发〔2019〕90 号）、中共台江县委机构编制委员会办公室《关于台江县融媒体中心加挂台江县广播电视台的通知》（台编办发〔2019〕21 号）的文件精神，决定在台江县融媒体中心加挂台江县广播电视台牌子，其他机构编制事项不变。二是建强队伍。县委下发机构改革方案之后，我们对县融媒体中心工作人员进行了优化调整，以全媒体人才为目标加大人才培训培养力度。目前中心共有工作人员 27 名，选派 6 名管理和技术骨干参加省委宣传部、贵州日报当代融媒体集团、多彩贵州网等主办的培训班，采取"2500 元底薪＋三险一金"机制招聘 14 名急需的

台江县融媒体中心重点打造"两台两报两网两微一端三新媒一平台"媒体矩阵

采编和技术人才，自行举办 3 期业务培训班不断增强媒体人员"四力"水平。三是融合运行。目前，县融媒体中心人员已全部实现集中办公、统一管理，从思想上、身份上、技能上进行全面转换，并按照内容"一次采集、多种产品、多端传播"基本流程开展新闻采编报道工作，对新闻采编人员进行过渡性培养、适应性提升，总体上运行良好。

## 三、落实技术支持，在媒体上实现融合

一是打造"中央厨房"。对县级融媒体中心办公场所进行升级改造，办公场地总面积约 900 平方米，室内分为中心办公区、指挥调度区（"中央厨房"）、采编融合区、视频演播区、多功能会议区、政务服务区（电商）等，室外建设融媒体集中宣传平台。完成物理空间"中央厨房"建设、"天目云"系统的接入和使用、相关设备的配备等工作，已正式运行。二是打造媒体矩阵。主要包含电视台、广播、报纸、手机报、政府网、新闻网、微信、微博、微网站、头条号、抖音号等媒体融合，重点打造"两台两报两网两微一端三新媒一平台"媒体矩阵。"两台"即台江综合广播和台江电视台，台江综合广播频段为 103.3 兆赫，县委常委会研究决定建设县乡村组寨五级智能有线广播系统，覆盖全县 20 户以上村寨共 486 个点，让党的声音传到村村寨寨；台江电视台实行新闻日播制，周一至周五每天播出，同时周末开设《台江苗（汉）语新闻》，成为群众喜闻乐见的特色栏目。"两报"即《今日台江》报（内部刊物）和《台江县党建扶贫手机报》，其中《今日台江》报一月两期，《台

江县党建扶贫手机报》为每周一、三、五刊发。"两网"即台江县人民政府网和台江新闻网，以快捷的方式服务群众。"两微"即"今日台江"微信公众号和"台江融媒"官方微博，其中"今日台江"微信公众号有近 3 万多人次关注度，单条阅读量最高一条达 7 万人次。"一端"即"姊妹台江微网站"（客户端），并将开发"中国苗族姊妹节"APP 客户端，把客户端打造成全国苗族文化的窗口。"三新媒"即"姊妹台江"头条号、企鹅号和抖音号。"一平台"即电子商务云平台，办好电商网上平台和实体店，服务群众增收致富。在办好自己县级媒体矩阵的同时，将充分依托中央新闻移动网和贵州日报当代融媒体集团强大的宣传矩阵平台，不断提升台江宣传传播力、影响力。实现了采访力量迁入融媒体中心率 100%，"中央厨房"建设率 100%，移动端首发率 100%，复合型、全媒体新闻采编人员占比 100%，接入多彩贵州宣传文化云新闻资源共建共享率 100%，达到了贵州省委宣传部"6 个 100%"的要求。

## 四、初步探索"媒体 +"

目前，在融媒体对接"媒体 + 政务 + 服务 + 电商"方面，台江县还只是探索阶段，暂时将政府网站入驻台江县融媒体中心的"今日台江"微信公众号和在台江新闻网开设电商专栏。接下来的工作中，台江县将通过领导协调、主动与相关职能部门对接等方式，把涉及的"网上看病挂号""城内停车区域""缴纳水电费""交通违章行为""民生资金查询"等群众关注、关心方面的问题都融合到融媒体中心的平台里，只有这样，才能让我们的融媒体中心真正地发挥引导群众、服务群众的宗旨。

## 五、"造血"功能初步成型

近年来，台江县积极探索如何利用媒体平台自身资源优势，成立下属文化传媒公司来提升"造血"功能，不断推进台江的新闻宣传事业向纵深发展。2018 年 4 月，在县委宣传部和县文体广电旅游局的大力支持和多方努力下，贵州金丝传媒有限责任公司成功注册成立，属于台江县广播电视台下属国有控股企业，有正规的公司章程和相关管理办法，主要经营文化艺术交流、广播电视广告、专业影视广告制作、演艺经纪、活动庆典、户外广告等。公司成立一年多来，承接了"2018 苗族姊妹节新闻发布会""高速公路大型户外广告""歌曲创作录制""2019 苗族姊妹节氛围营造招商""万人唱响翁你河活动音响设备租赁搭建"以及各部门各类宣传片、专题片、汇报片摄制等业务。

县融媒体中心建成后，为了进一步提升"造血"能力，台江县委、县政府高度重视，并在常委会上研究同意由县融媒体中心在县城区人员密集的广场、商贸区和最大的社区路口建设 LED 大屏和固定大舞台，主要用于刊播中央、省州重要会议、本地新闻和宣传片、公益广告和开展群众文化活动等。目前已建成并运行的 LED 大屏和户外大型写真大屏各一块，剩下的广场大舞台和另一块 LED 大屏也在有序推进中。这些户外平台的建成使用，不仅有力地引导群众、服务群众，还可以丰富群众文化生活，让正能量传播的同时，也可作为融媒体中心开展商业活动、广告投放等业务，为县融媒体中心的"造血"能力和可持续发展奠定了良好基础。

　　总体上看，台江县融媒体中心建设有序、有效推进，但也存在一些问题。一是由于台江是人口小县，县委配备给融媒体中心的人员编制数不能完全满足工作的需要。二是中心事业化管理、企业化运行的办法还不健全，特别是薪酬分配、绩效考核等方面的制度没有建立好。三是全媒体人员技能培训力度还不到位。四是在综合服务平台、区域信息枢纽和"新闻+"方面还找不到很好的突破口。五是目前融媒体中心在编在岗人员少，加上临聘人员总共只有27人，同时，由于多数为临时聘用人员，薪酬福利偏低，工作不稳定，流动性较大，按照当前融媒体中心建设要求，现有人员不足以支撑整个融媒体中心的运行和发展。下一步，台江县将进一步强化媒体融合、强化运行管理，建好用好县级融媒体中心。

# 三穗县：融"活"媒体资源　做强基层阵地

黔南州三穗县融媒体中心建设于 2018 年 10 月下旬启动，严格按照贵州省委宣传部的时间节点要求及相关技术标准，精心谋划，认真抓好落实。

## 一、基本情况

### （一）中心职能情况

2019 年 2 月 14 日，县融媒体中心正式挂牌成立，为县委直属正科级事业单位，归口县委宣传部管理。成立后的中心整合了原县广播电视台和县对外宣传办公室（三穗县新闻中心）职能，具体负责全县新闻宣传工作。围绕县委、县政府的中心工作做好广播电视、三穗网、微博、微信公众号、三穗报等各项宣传工作；按照"三贴近"原则，办好各个栏目；负责做好中央、省、州广播电视节目的转播和中心自办电视节目的安全播出工作；负责对外宣传工作；承办全县广播、电视、网站、微博、微信公众号广告宣传业务，按照广告管理法规，积极组织广告经营活动；负责做好公益宣传和服务，承办县委、县政府、县委宣传部及上级融媒体中心交办的其他工作。

### （二）中心人员编制情况

根据《三穗县融媒体中心职能配置、内设机构和人员编制规定》，中心事业人员编制 22 名（原广播电视台事业人员编制 16 名，原县对外宣传办公室划转事业人员编制 6 名），设主任 1 名，副主任 3 名；内设机构领导职数 7 名。中心下设办公室、编辑部、记者部、外联部、专题部、技术部和运营部 7 个内设机构。目前，已配备中心主任 1 名、副主任 1 名，22 名编制中在编人员 21 名。根据县委、县政府统一安排，在编的 21 名人员中有 9 名从 2018 年 9 月起一直分别在瓦寨镇和款场乡驻村担任脱贫攻坚网格员。近一年来，中心（含原广播电视台和外宣办）实际留在单位人员 12 名（包括财务人员 2 名、借调县扶贫办 1 名、驻守寨秧无线广播基站 1 名），加上临聘人员 13 名，融媒体中心当前实际从事新闻宣传的工作人员为 21 名。

**（三）硬件设施设备情况**

目前，县融媒体中心与县文体广电旅游局一起在文广局办公大楼办公，办公场所仅有大楼的三层和二层的安全播出机房，总面积不足 500 平方米。按照贵州省、黔南州委宣传部对融媒体中心建设推进要求，截至 2019 年 7 月，中心已投入 94 万元资金（上级下拨 55 万元，县财政安排 39 万元），完成了贵州省委宣传部规定的"中央厨房"建设。

## 二、做法及成效

### （一）融合前的情况

一是原县广播电视台。为县文体广电旅游局二级副科级事业单位，有事业编制 16 名，在编 15 名，实际从事新闻宣传工作的仅有 5 名（2 名同志从事文广局财务工作、1 名同志值守寨秧无线广播基站、1 名同志长期借调县扶贫办、6 名驻村担任网格员），临聘人员 13 名。2018 年，全年制播《三穗新闻》232 期、1412 条，在中央台播出电视新闻 2 条、广播新闻 1 条，省台播出电视新闻 8 条、广播新闻 10 条，州电视台《新闻联播》播出新闻 177 条，排名全州第 7 名。二是原县对外宣传办公室（三穗县新闻中心）。为县委宣传部下属的副科级事业单位，事业编制 10 名，实际从事新闻宣传工作的有 4 名（其中 2 名抽派驻村）。2018 年，承办了"黔东南州 2018 年第一季度新闻通气会暨脱贫攻坚'春风行动'三穗县主题采访活动""2018 年第一期全州新闻通讯员培训暨'新时代新作为·脱贫攻坚看三穗'主题采访活动""见证改革开放 40 年·特色新兴产业看贵州采访活动"，通过举办活动，近 300 余名媒体记者报道我县脱贫攻坚先进典型，我县的新闻宣传实现了唱响主旋律，遍地好声音。组织县直有关部门及县电视台，与州电视台、黔东南州全景传媒有限公司合作，陆续制作完成了三穗脱贫攻坚等 7 个专题片。2018 年在国家级以上媒体上稿 32 篇（条、幅），专题 2 个；在省级报刊、电台上稿 421 篇；在州级报刊及电台上稿 545 篇（条、幅）；上挂省级宣传网络 23000 余条；出刊《黔东南日报（三穗版）》24 期，《三穗报》49 期。

**（二）融合后的情况**

自 2019 年 2 月 14 日县融媒体中心挂牌成立以来，除按要求完成了上级规定的"中央厨房"建设外，同时完成了"天目云"培训，并实现了数据接入。将县广播电视台及公众号、原县外宣办管理的新闻网站"三穗网"、微信公众号"三穗发布"进行融合，初步形成了"一次采集、多种生成、全媒传播"的格局。截至 2019 年 8 月，中心开办有《三穗新闻》（周一、三、五首播，网格员回单位后恢复周一至周五每天刊播新闻）、《一周要闻》（周六、周日重播）、《身边》（电视专题）、《黔东南日报·一禾三穗专版》（两周一期）、《三穗报》（周报）、三穗网时政新闻（日更新）等平台和专栏；同时，创设了"脱贫攻坚先锋队""我要脱贫我要小康""新春走基层""壮丽70年，奋进新时代"等特色专栏；播出《三穗新闻》73期共432条，上传州融媒体中心280条，被采用75条；被省级以上媒体刊播38条，新媒体公众号推出144期、380条新闻；其中三穗网及三穗广播电视台公众号发布的《携手战贫困　阔步奔小康——贵州省脱贫攻坚三穗答卷》点击量突破2.4万人次，创造融媒体中心成立以来网站与公众号点击之最。此外，新闻报道《三穗：易地扶贫搬迁群众稳得住能发展》《三穗移民群众住上新房好发展》被推送至省州新闻媒体平台发布，产生了较为广泛的影响。

## 三、下步工作思路

### （一）加强自身干部队伍建设

一是强化中心干部队伍管理。在考核管理机制上下功夫，从中心人员结构和工作属性实际出发，建立健全日常考勤、绩效考核、职称评聘、人才进出等工作机制；在强化中心各部、室工作协作的同时，建立目标清单、任务清单和责任清单管理模式，推动工作高效落实。二是强化干部队伍作风建设。从整治"慵、懒、散、冷、硬"等方面入手，狠抓中心干部队伍作风建设，努力打造一支政治坚定、纪律严明、业务精通、作风优良的全媒体干部队伍。三是强化干部队伍能力提升。采取"走出去"与"请进来"相结合的方式，不断增强干部队伍的脚力、眼力、脑力、笔力，提升中心人员的业务素质和业务水平。四是创新用人机制。实行"事业编制＋人才引进＋公司招聘"三种形式互补的用人机制，解决融媒体中心人才匮乏现状。

**（二）加强推进媒体深度融合**

按照《县级融媒体中心建设规范》要求，将《三穗报》、三穗网、三穗广播电视台、三穗发布、县人民政府门户网站、各乡镇各部门发布平台等县级公共媒体资源进行深度整合，形成"一次采集、多种生成、全媒传播"的全新媒体矩阵，推动传统媒体和新兴媒体尽快从相"加"迈向相"融"，形成传统媒体与新兴媒体优势互补、"此长彼长"的态势；同时，推动"融媒体＋政务"建设，实现传播效果最大化、最广泛引导和服务群众，努力将融媒体中心打造成渠道丰富、覆盖广泛、传播有效、可管可控的移动传播矩阵。

**（三）加强中心"造血"功能建设**

借鉴一些先进县（市、区）的做法，组建中心管理的下属公私合营传媒公司，主要经营文化艺术交流策划、舞台艺术造型策划、会议服务、展览服务、各种广告设计制作、文化艺术传播策划、平面设计与制作、摄影服务等内容，一方面可以丰富三穗文化文艺市场，为三穗汇聚宣传文化人才提供平台，同时也提升三穗的文化软实力；另一方面可以作为中心的创收渠道，增强其"造血"功能，用"造血"的方式解决中心人员不足带来的经费困难问题。

# 兴义市：做好"融"字大文章

兴义市委、市政府高度重视，深入推动媒体融合发展，加强传播手段建设和创新，巩固壮大主流舆论阵地，推动县级媒体新闻宣传的传播力、引导力、影响力和公信力有效提升，走出了一条县级媒体融合发展的路子。

## 一、基本情况

由兴义市委宣传部牵头，整合所办报纸、网站、手机报、内刊、广播、电视及其所属新媒体，组建兴义市融媒体中心，加挂兴义市广播电视台牌子，归属市委管理的正科级全额拨款事业单位，归口市委宣传部领导和管理，市委宣传部副部长兼任融媒体中心主任。

2019年5月，兴义市下发"三定"方案，明确市融媒体中心（市广播电视台）事业编制67名（原编制52名），融媒体中心目前实有人员102名。设主任1名（由市委宣传部副部长兼任），副主任3名。后根据州编办文件，调整为主任1名，副主任、总编辑1名（正科长级），副主任、副台长2名。

重构"策采编发"业务流程，推动全员转型融入全媒体生产体系，对内设机构进行调整，取消时政新闻部、民生新闻部、网络部、编辑部等部室，整合成立指挥中心、采访中心、编辑中心、人秘股等核心业务部室，重点理顺传统媒体与新兴媒体业务。

2018 年 9 月，兴义市融媒体中心建设被列为省级 9 个重点联系推动县市之一。12 月 26 日，兴义市融媒体中心动静云平台正式上线。2019 年 7 月，兴义市融媒体中心通过省级验收。

## 二、主要成效

2005 年，兴义市创办《经济信息时报·今日兴义》，至 2013 年，媒体建设从无到有，从小到大，先后办起了报纸、广播、电视三大传统主流媒体。2011 年以来，在传统媒体基础上，又先后开办了网站、微信、微博、移动客户端、手机报、抖音号等各类媒体。目前，已形成"两报两刊、两台一网、两微一端"的格局。两报：《今日兴义》报、《贵州手机报》（兴义版）；两刊：《兴义工作》《兴义》图片新闻；两台：FM93.9 电台、电视台；一网：兴义网；两微："兴义融媒""民生兴义"等微博、微信群；一端：掌上兴义客户端。搭建起全媒体宣传平台，基本实现全方位覆盖、交叉传播、立体到达。

### （一）传统媒体得到巩固加强

截至 2019 年 7 月 30 日，有线电视覆盖 13 万户；广播覆盖兴义市城区、部分周边乡镇及捧乍镇、威舍镇镇区；报纸（周三刊）每期发行 7100 份，范围有市直单位、部分国企、乡镇办、村、组、部分离退休人员等；手机报（日刊）每期发行 2024 份，范围有人大代表、政协委员、副科级以上干部、村组干部等。

### （二）新媒体矩阵基本搭建，传播能力得到提升

兴义融媒、民生兴义、FM93.9、平安兴义、兴义好少年、文

化兴义等系列微信、微博总粉丝数 13.5 万人，日均阅读量 1.1 万人次；民生兴义抖音号于 2018 年 12 月开通，点击量 25 万人次；兴义网日均点击量 10750 人次，总点击量 3139 万人次。

兴义市融媒体中心基本实现全方位覆盖、交叉传播、立体到达

### （三）始终坚守"内容为王"，以内容优势赢得发展优势

一是围绕中心，服务大局。全媒体平台每年推出"在习近平新时代中国特色社会主义思想指引下""牢记嘱托、感恩奋进""脱贫攻坚奔小康""建设国际山地旅游城市"等重大主题栏目 40 多个，弘扬主旋律，传递正能量。二是做强栏目，推出精品。《民生兴义》以服务、引导、监督为宗旨，在市委的有力支持下，在各部门的大

力配合下，解决了许多老百姓的难事、烦心事，成为电视台收视率和点击率最高的电视栏目。《文化兴义》《民生在线》等广播、电视栏目正在逐渐形成品牌。三是做大影响，活动兴台。全年举办、参与各种活动 100 多场次，活动催生栏目，栏目助推活动，活动打开市场。《兴义好少年》电视栏目，资金全部来源于市场，已录制播出六一晚会、少儿春晚等。四是做好直播，拉升流量。2016 年开始探索直播活动，围绕大型节会、主题活动等，开通网络直播、微信直播、图文直播，从第一次直播民族展演的 3 万人次，到颂金秋的 11 万人次，再到国际山地旅游大会开幕式的 33 万人次，成为点击率增长的最大利器。

## 三、下步工作

### （一）建设高清制播网

大力推动媒体深度融合，立足于主流媒体传播阵地拓展、移动媒体优先发展战略，2019 年 6 月起启动建设高清制播网，实施高清制播网、全媒体采编平台、新闻客户端、数据中心等重点项目，实现与上级媒体的无缝对接，提升生产能力、聚合能力、传播能力。8 月 15 日，启动全高清拍摄、制作。

### （二）自主研发移动客户端

坚定不移实行移动优先战略，建成载体多样、渠道丰富、覆盖广泛的新媒体（移动）传播矩阵，自主研发移动新媒体平台，重点突出"三个功能"，即主流舆论阵地功能、综合服务平台功能、区域信息枢纽功能。实现"一次采集、多种生成、多元传播"，逐步搭建信息查询、申报审批、投诉受理等政务服务功能，积极打造"新闻＋政务""新闻＋服务""新闻＋电商"等信息服务综合体。

**（三）拓展服务领域**

争取市委、市政府支持，探索策划各类群众性文化、体育、科普、公益等活动，创新服务基层、服务群众的手段机制，丰富群众精神文化生活；立足本土化，深耕本地内容，围绕市委、市政府中心工作，以最新鲜、最本土的新闻吸引受众、服务受众；参与智慧政务建设，打造"指尖上的政务服务中心"；开展网上党建、干部培训、党务政务公开，开展电商平台建设，服务地方经济发展；参与智慧城市建设，打通水电燃气缴费、环境监测、就医、税务、旅游、购物、停车等便民服务资源，提供全方位生活服务。

**（四）抓好队伍建设**

探索媒体发展改革的新方向，深化机构、人事、薪酬待遇等方面的改革，加强制度建设，既要事业留人、感情留人，又要待遇留人，吸引一批优秀的新媒体内容生产、技术运维、经营管理人才。

## 四、困难和问题

**（一）转型还需更加深入**

媒体融合从相"加"到相"融"，核心是要解决好人员的思想理念问题。大多数从业人员还没有树立全媒体意识，按照区块链的"去中心化"理念构建融媒体中心，实现'一次采集、多种生成、多元传播"。

## （二）人才还需更加充足

优秀融媒体采编及运营人才引不进、留不住、用不好，成为制约融媒体中心建设的"瓶颈"。

## （三）运营还需更加有效

长期以来的财政全额拨款，导致融媒体中心的市场经验缺乏，创收能力弱化，运营手段匮乏，面对市场不敢想、不敢拼、没办法。

责任编辑：张双子

版式设计：周方亚

责任校对：刘　青

**图书在版编目（CIP）数据**

媒体融合发展时代课题的西部探索：来自贵州省的系列调研报告／谢念，
　林茂申，龚文静　著 . ─ 北京：人民出版社，2019.12

ISBN 978 - 7 - 01 - 021597 - 6

I.①媒…　II.①谢…②林…③龚…　III.①传播媒介 - 发展 - 研究

　报告 - 贵州　IV.① G219.277.3

中国版本图书馆 CIP 数据核字（2019）第 262528 号

**媒体融合发展时代课题的西部探索**

MEITI RONGHE FAZHAN SHIDAI KETI DE XIBU TANSUO

——来自贵州省的系列调研报告

谢　念　林茂申　龚文静　著

**人民出版社** 出版发行

（100706　北京市东城区隆福寺街 99 号）

北京盛通印刷股份有限公司印刷　新华书店经销

2019 年 12 月第 1 版　2019 年 12 月北京第 1 次印刷

开本：710 毫米 ×1000 毫米 1/15　印张：13.25

字数：146 千字

ISBN 978 - 7 - 01 - 021597 - 6　定价：69.00 元

邮购地址 100706　北京市东城区隆福寺街 99 号

人民东方图书销售中心　电话（010）65250042　65289539